绿镜头

汪永晨——著

南美洲

文匯出版社

编者·胡泊

《绿镜头》系列图文内容，作者此前都在博客上发布过。此次出版前，编者对其做技术处理之余产生几点感想，借此机会和读者分享。

第一，"绿镜头"以"绿"开头，顾名思义，首先是着眼于环境保护的绿色观念。环境保护正在逐步成为人类共识，中国是世界第二大经济体，至少目前还是世界第一人口大国，中国环保事业是全球环保事业的重要组成部分。包括"绿家园"在内的中国民间环保组织，几十年来坚持不懈、脚踏实地、一点一滴地做力所能及的工作。本书展现的就是这样一批人走出国门后的所思所想，而非"到此一游"、定点打卡的导游手册，不可能面面俱到。这是事先要向读者说明的。

第二，《绿镜头》系列是作者马不停蹄，遍访各国的行记，更是基于环保主义者立场的考察笔记，而且是口语体的、日记体的和生活化的。这应和作者的播音记者身份有关。近年来，中国人眼界大开，对世界的认识也呈现多样化，有些海外游记是很深入、细致的。相对而言，本书没有那样强的指导功能，比如教你怎样游学和旅行。其价值可能在于作者对如何把各大文明和中国国情相结合的思考，而这正是目前最缺乏的。

第三，从某种意义上说，《绿镜头》系列是以图带文的，相当于画册。作者行迹遍及五大洲，拍摄的照片涉及生态、地理、历史和人文的方方面面。限于篇幅，本书只选取其中一部分，不可能像网络媒体那样海量采用。建议读者关注作者的公众号或视频号，那里呈现的是和本书不一样的视角，而且更适合展示影像。

通过环境保护，实现人与自然的和谐，既是一种美好的理想和情怀，更是刻不容缓的现实和每日应有的践行。"他山之石，可以攻玉"，传播中国环保人在海外的感受，让更多人行动起来，把中国的环保做得更好，是出版《绿镜头》这套书的意义所在。衷心希望这一目的能够早日达到。

序 言

这是《绿镜头》系列的南美洲卷，包括巴西、阿根廷、秘鲁、智利和古巴五个国家。

说起亚马孙，大家想到的是全球最大及物种最多的热带雨林，产生的氧气至少占全球氧气总量的20%。我们在巴西去了城市里的人工森林和亚马孙的天然雨林，感受到雨林的博大和奇妙。而在库里蒂巴市，我感受到了巴西的另一面。这里是每个老百姓的城市，城市建设一不靠政府巨资投入，二不靠房地产开发和发展汽车工业，靠的是通过系统工程，将城市的环境问题与社会问题捆绑在一起，用"一体化"设计逐一解决。在短短的一代人的时间内，不仅从严重的环境问题和社会问题的缠绕中走了出来，还建设成一座自然的、人性化的，被联合国命名的"最适宜人居城市"。

阿根廷有世界最南端的国家公园——火地岛国家公园，最让我们感兴趣的是河狸在图尔比奥河上筑坝。这个堤坝拦水后，既是河狸的安身之窝，又能在此繁殖后代。但是拦坝蓄水之后，坝上的林地地下水位上升，一些林木被淹死而成枯木，倒下，腐朽。这样的"改造"之后，原本的森林成了沼泽湿地。对河狸"工程师"的作品，人类要不要干预呢？

秘鲁可看的地方真不少：马丘比丘、大地之画、库斯科古城、驼羊、印加文化。在 15 世纪建成的马丘比丘，至今还能看到当年的饮水设施、灌溉工程，石头垒出的古渠蜿蜒在古城。纳斯卡大地之画，要坐着飞机才能看到。那些线图构成的大小图像含义，至今也没有人拿出一个准确的说法。到底是谁，用什么绝技画上去的？

智利复活节岛石像一直是个谜。这些石像是什么人雕刻的？象征着什么？人们又是如何将它们从采石场运往几十公里外的海边？我们觉得真是人间奇迹。石像艺术性很高，专家都对这些巧夺天工的技艺赞叹不已。谁又能相信，石器时代的波利尼西亚人，个个都是擅长于雕刻的艺术家呢？另一个让人难以置信的是岛上古代的鸟人，他们的勇敢和寂寞并存，留名和不要命同在。不信，就看看书中有关他们的故事。

古巴之行前后，我和很多朋友有过激烈的争论。大家都觉得那里的分配制度和国家管理是落后的，是对经济发展的制约。但是在古巴，我们知道，中国驻古巴大使馆从大使到一般外交官，都会让自己的孩子在古巴上大学。拉丁美洲的人，得重症会到古巴看病。古巴天蓝水清，生态环境让人羡慕。海明威从 1939 年到 1960 年间定居古巴，他为什么那么喜欢古巴？有人说古巴是贫穷的，有人说古巴是梦幻的。古巴到底是什么样的呢？请读者判断吧。

目录
CONTENTS

美不胜收亚马孙——见证巴西的生态协调 —————— 1

南极门户——走近地球最南端的阿根廷火地岛 —————— 76

秘鲁·秘境——地画还是"天书" —————— 133

智利的蓬塔与复活节岛——天尽头与"世界的肚脐" —————— 172

流连哈瓦那——众说纷纭的古巴 —————— 247

美不胜收亚马孙——见证巴西的生态协调

里约热内卢——"一月的河"

2009年3月24日,向往已久的亚马孙之旅终于开始了。从中国到南美,路线是走欧洲还是美国,由你自己选择。我们是10个小时的空中飞行到慕尼黑,再经过13个小时的飞行,就到了巴西的圣保罗,随即转机去此行第一个目的地:里约。

从空中看巴西

今天我们要到的地方叫里约热内卢。里约对我们中国人来说应该不陌生,足球明星罗纳尔多最初的足球生涯就始于这里。里约热内卢的得名我是今天才知道的。里约,意为河,热内卢则是一月份。据说,这个名字和当年葡萄牙初登陆巴西的时间有关。

初到巴西,三个小时的候机时间,我们本想进城转转。可是从圣保罗机场进城要40分钟,加上堵车和大约100美元的出租车钱,让我们放弃了进城的希望,只在机场周边转开了。

对我们此行的生态游,生态学家徐凤翔先生是这样定位的:带着生态的眼光,观察南美的生态景观;带着环保的期望,探究南美这片原生林中自然和谐的规律;带着对比学习的反思,以便回国后对祖国的生态恢复提出建议。总之,以我们的微薄之力参与保护大自然的行动。

从圣保罗到里约热内卢,空中的俯瞰让我们开始体味巴西的天为什么那么蓝、云为什么那么白。让我们看到了地面上的青山、绿树和弯弯的河流,对巴西的生态协调有了初步印象。

弯弯的河

一个小时的飞行后,我们在机场见到此行最重要的带队——沈孝辉。作为在国家林业局工作,又在巴西前前后后待过两年的生态专家,他笔下写过太多巴西的大自然以及人与自然的和谐相处。这次他可是要向我们好好展示和讲解这些了。

不过让我没有想到的是,初识里约热内卢,沈孝辉是从贫民窟给我们讲起的。我边拍着这些房子,边连同拍下了街边随处可见的涂鸦。

贫民窟

街边涂鸦艺术

在桥底下，我看到一幅小男孩对着桥墩子撒尿的画，可惜车一下就开过去了，没能拍到。创意真好玩，因为这样的真实画面在我们的生活中是常常见到的。没想到导游告诉我们，在桥墩下背对着人们的视线干私事的涂鸦竟然是里约甲级足球队博达弗哥队的标志！

沈孝辉曾经自问自答，世界上有没有哪座城市，它的城市建筑与生态环境融洽协调，人工美与自然美那么相得益彰，既能满足现代人享受都市的繁华、便捷舒适与文化艺术的需求，又能满足大家向往山野的宁静和海滩的闲适浪漫、返璞归真，谋求身心平衡的需要呢？

有，那就是里约热内卢。

一般城市的贫民窟是建在城边的一个角落里，而里约的贫民窟则建在半山腰，可尽情享受山景和海韵。

沈孝辉告诉我们，在里约，通常是穷人找到一个好地方，建起房子后没多久，政府就来通水通电。不过，里约的贫民窟没有警察局。所以，里约美归美，舒适归舒适，但是里约人有一半被抢过，这是那里的另一个纪录。这和610万人的城市有四分之一同胞住在贫民窟不能说没有关系。

海滩

海边的旅馆

于是，沈孝辉的笔下又有了这么一问：世界上哪里的富豪与贫民以及之间的各个过渡阶层犹如高山植被一样，随着海拔由低而高垂直分布。联邦警察与军队的装甲车和直升机时不时就开进贫民窟的穷街陋巷，对毒枭、抢匪来一场雷声大雨点小的扫荡；然而，海滩上依旧人潮涌动，游乐场照常歌舞升平。真有这样的地方吗？

有，那也是里约热内卢。

里约有两个地标性景观，一个是海拔710米高的山上伸开双臂的耶稣像，另一个是因形似一个竖起来的法式面包而得名的面包山。

家园在山海之间

近处的面包山和远处的耶稣山（云雾中）呼应

远看耶稣山

游客与耶稣像

山上的耶稣像，不仅有时时刻刻伸开双臂迎接八方来客、护佑人们的热情和执着的一面；也有其另一面，那就是常常藏在云里雾里，给人以神秘之感。比如今天，我们在里约的几个地方想好好看看他，但其从云里出来的时间真的是少得可怜。

树与鸟

海边的艺术宫

海边的王宫

里约艺术宫的设计者还在，名叫奥斯卡·里麦耶，今年101岁。联合国大厦也是他设计的，他是巴西人的骄傲。海边有座看起来就很古老的建筑，是19世纪时的海关。在这座建筑里举办的最后一次舞会，是1889年11月9日为智利的商队。11月15日，巴西推翻帝制，成立共和国。文化与历史，在这被称为瓜纳巴拉的海滩上完美地相依相存。

3月份，巴西已经进入了秋季。如果是夏天，不仅海滩，大街小巷、饭店超市、公交汽车，政府机构和文化设施集中的城市中心这些远离海滩之地，"海滩效应"仍然不会减弱。什么是"海滩效应"？用沈孝辉的形容就是男士多背心、T恤、短裤，

建筑师奥斯卡·里麦耶

女士多是三点式比基尼，泳装几乎就是时装，因而里约也被人笑称为"暴露之都"。

沈孝辉说，里约人甚至把人体暴露视为一场"革命"。这场革命起于1992年，当时有人呼吁把部分海湾辟为"天体浴场"。1994年，里约法院认定，巴西是世界上最大的天主教国家，在海滩上建天体浴场有伤风化，判为非法。

可是经过自然主义者十年的抗争以及社会大辩论，2004年，里约市政府撤销了1994年的法令，把该市西部一处海湾辟为"天体区"并竖起牌子。在天体区，裸体人士不论男女老少，一派悠然自得，彻底放松，恍如返回伊甸园的人类童真时代。为了防止好奇人士干扰，那里设有警卫。警卫也是全身裸体，任务是阻止身着服装者闯入。

这让我想到男女共浴曾是许多民族的古老习俗。在我国云南怒江，温泉边仍有民族风情十足的澡堂会，早年间就是男女同浴。每年春节，他们有的要走上十天的山路到温泉洗去一年的污垢，迎接新春到来。现在，怒江边的裸身同浴已经没有了，但有些上了年纪的妇女还会半裸的在那里泡温泉。遗憾的是，我们一些所谓有着现代文明的摄影爱好者们，不管远近，举着大小"炮筒子"，对着人家就拍。看来里约天体区的警察以后应该被介绍到怒江去。或许这样，原汁原味的澡堂会保留下来才有可能。

沈孝辉说，在大自然中裸露，能够让皮肤沐浴清风、狂雨、海浪、白雪、青草和阳光，通过天人合一式地回归自然，建立自信和安全感，这是巴西一些自然主义者的理念。

不过当我听到自然主义者上述理念时，想的是什么呢？首先要有蓝天、白云、绿地和清澈的河水才行。没有自然，又如何奢谈回归自然呢？

印第安草屋式教堂

当地一位导游看我们这伙人张口闭口地说自然，就领我们到了20世纪60年代巴西人建的一座教堂。教堂的外形是模仿印第安人茅草屋的样子。教堂里没有灯，光线靠交叉、错落的窗户射入室内。这里又是一个文化与自然的完美结合。我问了

教堂内景

从没真正打过仗的巴西军舰

几遍当地人:这样的绿色建筑,是建于20世纪60年代?回答:是的。

不过再一细想,我们老祖宗天人合一的生活方式少吗?为什么到了我们这代人却要羡慕人家?

快乐的孩子

今天,我们乘船在海上游了一圈。回到海边海军博物馆参观时,碰上了这么一群十二三岁到这里上自然与历史课的孩子。看我们举着相机,孩子们凑在一起就摆成这副模样。那么天真,那么自然。

原始森林这个说法不准确

我们终于走进里约城内的"大西洋森林"。徐凤翔先生在一片大树前悄悄地对沈孝辉说:我有一个观点想告诉你,我们现在用的"原始森林"这个说法不准确,我认为应该是"原生森林"。因为现在所说的原始,其实更强调的是原生的生态。而原始这个说法,对生的认知是不够的。当然,这只是我的一家之言。

我觉得徐先生讲得有道理,我愿意采用她的说法。

原生森林中的两位生态学家徐凤翔、沈孝辉

很像三角梅

巴西的亚马孙森林名气太大了,以至于人们很少知道巴西还有一片其生物多样性足以与亚马孙媲美的大西洋森林。

里约的特色之一是水围城,城围山。而就在这被水和城围着的山上,有世界上最大的城市森林公园。它已经被联合国教科文组织纳入世界自然文化遗产名录。

沈孝辉告诉我们,里约人有这样一种说法:许多人没有时间走近大自然,而对于我而言大自然就在窗前。里约的孩子能够在自家门前看到别人只能从书本上见到的小动物,多好呀!

大西洋边的里约

里约上空的鹰

城市森林

享受森林的孩子

进入森林的人们

大榕树的根系

乌龟晒太阳

徐凤翔先生在我们还没有走进大西洋原生森林前就告知：湿热地区森林的特点有三：一是垂直郁被；二是组成丰富，乔、灌、草、花、果、藤分布密集。层外植物众多且以附生、寄生的居多。附生只是依附于外表，寄生则生长于其寄生植物内；三是老茎生花板根状、气生根等发育充分。

就在我们忙着拍照时，徐先生已经目测出了这棵大榕树的根有35到38根，最大板根有40厘米。

其实，里约的大西洋森林能保留至今，也是有一段故事的。

巴西的"咖啡王国"之称，远比巴西的大西洋森林有名气得多。其实，巴西最初的咖啡种植就是从里约砍伐山林开始的。砍树种植咖啡的结果导致了土壤侵蚀、水源断绝。这样的结果，在我们今天的生活中是很常见的。

佩德罗二世塑像

巴西国王佩德罗二世是个植物学家，他看到这种结果后十分心痛，于是在1861年下令禁止砍树种咖啡并倡导保护和恢复里约的森林。当时有两个被后人称为生态英雄的人，从1861年至1873年在山上种植了10万棵树。

100年后，这些树不仅长成参天大树，而且还让里约拥有了全球面积最大的城市森林，并成为被保护的最高优先权的全球八大热点地区之一。

当地人称其为猴子梨

目前，大西洋森林里特有植物约有8000种，特有脊椎动物654种，其中包括25个不同种和亚种的灵长类动物。

不过，沈孝辉还是遗憾地告诉我们，即使这样，今天的大西洋森林也还是仅存9193平方公里，不到原有面积的7%；并且多呈零星孤立的残块，就像散落在地上并被踩踏的珍珠，支离破碎。

直到20世纪80年代，科学家们为大西洋森林尚存的物种登录编目时，才吃惊地认识到其在全球生物多样性保护的事业中有着举足轻重的地位和价值。

我们中国的科学家何时也能在为尚存的物种登录编目时大声疾呼呢？中国是世界上生物多样性最为丰富的五个国家之一，但是目前的生态危机在世界上也是排在前列的。特别是有些生态脆弱的地区，像怒江、雅鲁藏布江、金沙江上游等地，连科学调查还没有做，就已经被破坏得面目全非。

老科学家看到他们没见过的物种时，是不是都会像孩子似的又跳又叫？我不知

猴子梨的花

植物中的大家庭让徐先生兴奋不已

道。但徐凤翔是一个。今天,她抬头看着、地下捡着、嘴里喊着的都是:"天啊,看看这个叶子!天呀,看看这朵花儿!"

在大西洋森林里,这位年近八旬的老太太又一次叫起来。这是看到了被她称为祖孙三代或更多代的一棵大菠萝蜜树。这棵树上大大小小的果实,让我们这些外行看来就更觉得新奇了。这样的家族,在植物王国的原生森林里,徐先生说不少见。问题是现在原生森林越来越少见了。

老茎生花,这个词是昨天晚上我们吃饭徐先生点她要喝的饮料时学到的。她说,老茎生花,这种现象多出现在热带,其他气候条件老芽开花是不容易的。在热带森林中,这些老树焕发出的青春创造着一个个奇迹。木瓜就是老茎生花后的果实。我们眼前看到的这棵大菠萝蜜树,不也在向我们人类昭示着这棵老树生命力的旺盛和

老茎生花

树上花园(一)

繁衍能力的生生不息？

和植物学家一起走在原生森林里，顺着他们的手一指，就能看到热闹以外的门道。

树上花园（二）

树上花园，要不是徐先生的点拨，这棵树上的花丛在我们看来不就是树上开了几朵花吗？可植物学家会告诉我们，这一丛花中的物种，少说也有几十种之多呢。几十种，能不叫花园吗？

站在大西洋森林中，沈孝辉除了感叹动植物的丰富以外，更强调的是巴西如何使大西洋森林得以恢复、动物种群基因得以交流。

巴西有一条法律规定，每个庄园和牧场土地上的天然林面积不得少于20%。如果自己的土地上天然林不足20%，就必须另行购置一块补齐。这些天然林作为庄园和生态保留地受国家法律保护。也就是说，庄园主和牧场主虽有这些土地的所有权，却没有开发权，等于买森林替政府进行保护管理。于是，这些庄园与牧场里星罗棋布的天然林生态保护地，便理所当然地成为大西洋森林濒危植物的避难所和基因库。

林中花（一）

大树根部

今天,巴西生态学家和环保人士决心把分散的森林碎片连结起来,重新找回大西洋森林。他们相信,用本土植物建立起生态走廊连接森林孤岛,可以使大西洋森林复原,拯救许多珍稀物种免于灭绝。当这些绿色走廊形成森林碎片之间的安全通道后,就能让被孤立的野生动物种群得以接触、往来。

林中花(二)

金嘴蝎尾蕉

王莲

原生林里的我们

在原生森林里感觉着老茎生花、树上花园的同时,徐凤翔先生的另一观点也引起了大家的思考。生态建设现在是政府官员常挂在嘴边的一句话,而徐先生问我们:生态能建设吗?是呀,能说建设大自然吗?显然不行。如同不能改造自然、征服自然一样,建设生态一样不行。生态可以恢复,不能建设。为什么以前我就没有想过生态建设到底是什么意思?

人类认识自然需要过程,自然也在让我们一点一点智慧起来。生态不能建设,我想这一定是继我们认识到自然不能改造后,向进一步认识自然迈出的又一步。

里约:激情与自由

从我们到里约的第一天开始就被人提醒:这里治安不好,出门一定要小心。今天早上到海边时,我脖子上挂着佳能400D相机。沈孝辉让我把相机送回去,他认为这里的抢匪是不讲理的。可是我想,这么大老远来一趟南美,拍里约的森林、里约的风情,《绿家园江河信息导读》的读者看到后一定会有兴趣。于是坚持把相机挂在了脖子上。

早上的海边

美不胜收亚马孙——见证巴西的生态协调

在海边过夜

扫沙车

里约的女子

上班去

沙滩排球

里约的早晨是宁静而舒适的。人们对那里的认识，真的不能只因个别人就一棒子打死。

其实沈孝辉这些年来和朋友们说得最多的就是：最好的还是巴西人。尽管巴西一些大城市社会治安很差，而且以里约为甚，但巴西人仍然获得外国游客的交口称赞，一致认为在巴西最好的莫过于巴西人。

海边的女孩

海边的男孩

卖艺

海边的父与子

矜持

小贩

街头表演

　　用沈孝辉的话说，巴西除了孩子，就是"成年的孩子"，单纯、快乐、真诚、友善。

　　巴西是移民的国家，人种之复杂堪称世界之最。这个种族的主体由三部分组成：一是黄皮肤的土著印第安人；二是白皮肤的移民欧洲人；三是当年作为奴隶被贩卖到巴西的非洲黑人。今日的巴西人主要就是这三大族群及其混血的后裔。在里约，那些因混血而漂亮死了的男男女女，让我们一行人常常忘记打招呼就举着相机拍人家。每当这时，也就是让我们感受巴西人热情、快乐的最好时刻。

19世纪初，当时作为植物学家的国王从中国找来150名茶农。可是由于婚配后的改姓，名字和姓的颠倒，今天这150人的后代已经混在巴西的人种当中，无法区分。不过在大西洋森林里现在有一座中国亭，以纪念不远万里而来的中国茶农对里约所做出的贡献。

街景

或许正因为种族的多样，今天巴西人的性格也兼有多民族的个性。如印第安人的热情好客、非洲人的善于舞蹈运动、体力充沛和欧洲白人的直爽与绅士风度。在"杂烩"文化中，巴西人形成了热情宽厚、豁达开朗、助人为乐的侠义心肠。

美国心理学教授莱文的一项在全球23个城市展开的实地调查表明，巴西里约热内卢生活着世界上最友善的居民，因而得分最高。

在巴西有着整整两年生活经验的沈孝辉向我们进一步介绍：在里约的公共场

叫卖

所，人们总是会把陌生人不慎掉落的物品拾起交还失主；总会有人帮助盲人过街；而80%的情况下，受伤者也总是会得到人们及时的救援。而在莱文调查的世界其他城市，包括纽约、伦敦、新加坡，发生上述情况得到帮助的比例要小得多。

沈孝辉没有告诉我们这个调查是不是包括中国人。我有点好奇，在中国发生上述这样的情况时，会像巴西还是像美国、英国呢？

街头涂鸦（一）

街头涂鸦（二）

街头涂鸦（三）

街头涂鸦（四）

里约人的这种街边艺术来自哪些种族可能并不重要，但当人们走进这种满眼都是涂鸦的城市后，会怎么想这个城市呢？充满激情，这是我的第一感觉。我问了同行的人。他们中有的说：这是一个自由的城市；有的说，这是给青少年激情释放自由空间的城市。

市政府

街边水果吧（一）

街边水果吧（二）

我们都知道，在巴西，能和足球赛一样赢得巴西人狂热的就是狂欢节。可惜我们来得不是时候。应该说，两者都是巴西人宣泄激情的最佳方式。一样的全民投入，一样的热闹火爆，一样的忘乎所以。不过就我个人的感觉，满大街的涂鸦应该也算是巴西人激情宣泄的方式与特点吧。

这两天我们走在里约的海边时，沈孝辉提到的还有桑巴舞。他说，足球赛、桑巴舞和狂欢节，构成了巴西人生命中的重要内容，堆砌起他们的文化结构。和足球一样，巴西并非狂欢节的起源地。但是这项足以令参与群体神魂颠倒的游戏，一旦传入巴西，就被巴西人表演得轰轰烈烈，登峰造极！巴西的狂欢节就是桑巴舞的狂欢。甚至可以说，没有桑巴就不存在巴西

狂欢节大道上的涂鸦

日落时分

狂欢节。踢足球与跳桑巴,使巴西人获得了充分的人生享受与快乐。

在里约的两天,让我们这些中国人充分感受到:只有简单的快乐,不为物欲与功名所累,这就是巴西人的生活。用沈孝辉的话说则是:享受短暂的人生,享受爱情、亲情和友情。

虽然只有两天,或许没有发言权。但就是这短短的两天里我的确感受到了什么是巴西人的快乐生活。不知我拍到的这些照片,让读者朋友看后会不会有同感?

华灯初上,耶稣在山顶俯瞰众生

库里蒂巴人的生态理念

没来巴西库里蒂巴市之前,就想象着那里建在垃圾场上的植物园,建在矿坑上的大学、歌剧院,还有监狱改造的超市,

里约的傍晚

悠闲的城市

它们都会是什么样子呢?

库里蒂巴,现在被称为生态之都。当城市日益成为人与自然隔绝的壁垒时,那里却通过精心规划和巧妙布局,将人又拉回到自然之中,而且仅用了一代人的时间。

由垃圾场改造而成的植物园(一)

灯塔图书馆

壁画上的城市记忆

艺术宫"独具慧眼"

参观艺术宫的孩子

在库里蒂巴，让我们一行人照相机的快门一个劲猛响的还有灯塔图书馆、独具"慧眼"的艺术宫和"管子"快速公交车站。

快速公交及站台

快速公交候车站

快速公交，北京现在也有。但是在城市交通中的使用率和库里蒂巴比，这里是四分之三市民出行的交通工具，我们显然达不到。

交通堵塞和出行不方便，曾经也是让库里蒂巴人头痛的事。最初解决交通问题时，新上任的市长盖默·勒那采取的措施，一是遵循简单原则，一是反对一切围绕汽车进行重建的传统做法，力图保持城市生活的活力与千姿百态。在市长的领导下，工程师们设计了双节电动公共汽车。这种车的车身长25米，是一般公共汽车的2—3倍，可载客280人，车身装有5个特别宽的车门，供乘客迅速通行。

人们说，库里蒂巴的快速公交系统中最有创意的设计要数"管子车站"。管子车站外形是一段平放的玻璃圆筒，当汽车进站时，液压装置将车站与汽车的连接板升起，使上下车十分安全和快捷。如今，这种人性化设计、造型优美的车站，已经成为库里蒂巴最具特色的一种城市景观。

有人计算过，具备大型的汽车、宽大的车门、自动车上控制、汽车可操作交通灯，保持其优先权的这种交通系统，无论是单位时间输送的乘客还是平均速度，都比传统汽车的效率高出3倍；同时减少燃料消耗、空气污染、噪声和运营成本；并可为上班族每天平均节约40分钟的路上时间。

如今，库里蒂巴一体化的快速公交网全长1100公里，有245条放射形环线及连接线路，由25个终点站连成一体，覆盖整个市区及邻近的城镇，包括快速线、直达线、小区间联线和输送线（将各小站的乘客集中输送到交通网内）以及枢纽站。为区别各种车辆的不同功能，分别涂橘黄、绿、银灰和白等不同颜色，让人们可以一目了然。

和巴西其他城市人均使用的燃油量相比，库里蒂巴节约了四分之三的燃料。全市一年要节约700万加仑，从而使城市空气更加清洁。这一交通系统从经济效益上分析，也是最佳的。有资料表明，那里每条快车道1小时输送2万乘客，几乎与一条地铁效率相当。在里约热内卢，铺设的地铁输送量只相当于库里蒂巴汽车输送量的四分之一，而耗资却是这一快速公交系统的200倍。

英国《卫报》对库里蒂巴的快速公交做报道时用了这样的话：它从来没有塞车，也从来没有损坏公物的行为，这种高效的汽车服务，使伦敦相形见绌。

由垃圾场改造而成的植物园（二）

让库里蒂巴的市民引以为豪的还有：那些用玻璃做成的管子车站不曾遭到任何人的破坏。从这一个细节看，我们是不是也可以看出库里蒂巴全体市民对自己城市的热爱和库里蒂巴人所具有的社会公德与文化素养呢？

70年代，在库里蒂巴快速公交刚刚发展时，政府估计到这一定也会带动周边房地产上涨。不过政府的做法并不是把房地产的开发简单地交给开发商，而是抢先花钱买下一些交通即将方便的黄金地段发展经济，解决日益增长的人口就业问题，还征召了一些无污染的工业、企业。

这些企业提供了5万个就业岗位。鉴于新搬来的农民擅长建筑技术，市政府展开了一项"为自己盖房"的活动。政府给每个贫困家庭提供一小块土地、一张地契、一些建筑材料和两棵供栽植在房前屋后的树（一棵果树，一棵观赏树），外加一小时的建筑师咨询的时间。在建筑师的指导下，房屋的设计井然有序。"政府是人民的政府。"在库里蒂巴，这一口号得到了实际体现。

环保大学校园

昔日垃圾场，今日植物园

垃圾处理，可能是现代化城市都面临的巨大挑战。库里蒂巴市是怎么处理的呢？首先列入他们处理规划的，是将垃圾堆改变模样。如今，种上各种植物的垃圾场，已经成了人们休闲娱乐的场所。

除了有效地处理垃圾以外，库里蒂巴被改造的还有一些废弃的矿坑。这些矿坑现在也是游人一定要去看一看的地方。

环保大学校舍

环保大学里的天鹅湖

这所绿树丛中的大学是环保大学,建在废矿坑里。它也承载着一些环境科学的课题,人们在这里可以查到巴西人关爱自然所取得的科研成果。

在库里蒂巴,把矿坑改造成水上歌剧院不是艺术家的幻想,而是今天人们可尽情享受的公共场所和旅游观光的景点。

水上歌剧院外的购物点

矿坑变身水上歌剧院

巴西是个移民国家,库里蒂巴政府为体现各民族的特色,也为发挥每一个人对美好生活的追求和想象,为每个移民来源国家提供一块土地。既可以让这个民族的人在这里思乡,也可以让其他民族的人和游客在这里感受另类文化。

德国人在这里盖出来的是一个格林童

水上歌剧院内景

德国主题公园里的格林童话小木屋

话公园,波兰人的花园里有着哥白尼的雕塑,此外,俄罗斯的教堂,葡萄牙的"大三巴",都成了库里蒂巴今日旅游的好去处。我们到格林童话公园时,一屋子的孩子坐在森林小木屋里,格林童话正让他们听得津津有味。

葡萄牙主题公园里的"大三巴"牌坊

俄罗斯主题公园里的东正教教堂

波兰主题公园里的哥白尼雕塑

库里蒂巴的城市建设,一不靠政府巨资投入,二不靠房地产开发和发展汽车工业来增加税收、拉动经济,靠的是通过系统工程,将城市的环境问题与社会问题捆绑在一起,用"一体化"设计逐一解决。在短短一代人的时间内,不仅从严重的环境问题和社会问题的缠绕中走了出来,还建设成一座自然的、人性化的,被联合国命名的"最适宜人居住城市"。

松树公园

惬意的家园

来游玩的孩子

周末阳光下

易拉罐在他的手中变成茶壶

写到这时,不免又要和我们自己所居住的家园做个比较。什么时候我们的家园也能像这样,将人重新拉回到自然的生活环境中?当然这不是等来的,要我们家园里每一个人的共同努力。

离开植物园的美丽景色时,一个路边的小摊让我们蹲下来,细细地欣赏起这个年轻人用废可乐罐做的"小茶壶"。这或许是他一种自谋出路的生活方式,可是用生态专家徐凤翔的话说:"这一个个'小茶壶'给你带来了纪念,给他带来了尊严,给我们都带来了快乐。真好。"

市长之街

2009年3月30日,在库里蒂巴,沈孝辉希望我们能去看看"绿色交换"。什么是绿色交换?就是排放垃圾要收费,这在巴西的其他城市是惯例。可在库里蒂巴,排放垃圾不仅不收费,垃圾还可用来换取生活必需品。

这项"绿色交换"工程的开展,使库里蒂巴过去多年积累下来的难以清扫的垃圾死角都清除了。这种后来又被称作"清扫一切"的活动,在市政府支持下,就有

了由原来的垃圾场建成的前两天我们看到的植物园。

3月29日是周日,整个城市都在休息,我们没能看成"绿色交换"。在巴西,周末人们是绝对不会加班的,只有中国餐馆还会开门。巴西人认为周末是要和家人在一起的,给多少钱也买不来和家人在一起

市长之街

介绍工作

的享受。周一上午也不是"绿色交换"的日子。上午还有两个小时的时间,为我们开车的当地司机提了个建议:去看看市长之街吧,那里可以看到市长代表是怎么和市民一起解决问题的。太好的建议!我们马上前往。

在巴西,市长是民选的,而市长代表则是市长任命的。市长代表虽然不是一级政府机构,但在库里蒂巴,市长之街和156投诉电话都是连接市长和市民、政府与百姓的桥梁和纽带。

市长之街,就是政府的每个行政部门都要在这里设立一个与百姓见面、接受投诉的地方。走进这条街,我们第一个看到的是失业登记处。这间屋子的旁边是职业

市长代表办公室

可能是来咨询健康保健

儿童艺术培训中心

介绍所,隔壁还有再就业培训中心,就是我们常说的一条龙服务。

这条街上三十多间屋子,每个房间里都有一个政府职能厅的代表现场解决问题。我们去的前一天是2009年3月29日,正好是市长街建街十四周年。

介绍情况的市长代表助理萨曼达告诉我们,每个厅都有领导在这里协助工作,可使老百姓日常生活中碰到的问题在这里很快就能协调处理并解决。

政府车标

图书馆

库里蒂巴所有政府部门的车上都贴有标示。萨曼达说,如果在海滩上发现贴有这种标志的车,那就可以举报。公家的车是绝对不能私用的。

我们问萨曼达投诉比较多的都有哪些问题,他说,像建筑督查、食品质量、幼儿入托、家庭暴力,市长之街都有解决这些问题的办公室。

就拿食品检疫来说吧,如果有人投诉食品过期了,质量有问题了,市长之街会对其进行定期检查、重点核查,不符合质量标准的就会处理,由罚款直到关门。

在库里蒂巴,小孩上学、幼儿入托一度找上门来谈困难的较多。政府就协调各个服务部门,最后增设了幼儿园。

市长之街的卫生厅代表管理着16个区诊所。巴西是全民看病不用花钱的国家，但是他们也有他们的程序。有了病要先到区诊所看，区诊所看不好的再转到医院。市长之街管理区诊所的办公室是24小时值班的，因为他们认为这是人命关天的事。

　　市长街里有一个大众菜场，到这里来的人可顺便在这里买菜。这里的菜质量是最好的。

大众菜场

环保办公室里

展示环保袋

　　废品不是废品，这是市长之街环保办公室里贴的一句话。这里的工作人员告诉我们，过去库里蒂巴有几十个垃圾场。现在，像植物园那样的实例说明旧貌已换新颜。

　　在市长之街环保厅办公室，我们知道了"绿色交换"的具体内容。大致可以这样概括一下，就是4公斤可回收垃圾可换1公斤食品。食品有大米、玉米、大豆、白面，换取时，可以随便挑。全市有88个兑换点，还有流动车。流动车通常都是两辆车一起开，一辆收垃圾，一辆装可换取的食品。

低收入家庭购物卡

在库里蒂巴有这样一个理念：这里是每一个老百姓的城市。怎么体现是每一个老百姓的城市呢？其中有这样一个做法，就是月工资低于650块钱的（一块巴西币等于四块人民币）人，可以领取到一张低收入购物卡。有这张卡的人，可以买到大众住房，并用五分之一的价格买到材料。

家庭仓库

等着领卡

商店货架

大众住房一般是 150 平方米，外带一个小院子。大概是 4 万巴币。也可分期付款。

库里蒂巴有 30 个被称为家庭仓库的专门商店。这样的商店里有 200 多种食品和日常用品，持卡人可在这样的商店里买到比正常价便宜 30% 的生活中不可或缺的商品。这些商店的房子都是统一的标准，500 平方米。

萨曼达带我们去了一个这样的家庭仓库，正好有人在大包小包地买东西。我们问了一个来购物的人后知道，她的先生是个电工，一个月工资 600 块巴币。她没有工作，在家带着 3 岁的孩子。我们问她怎么买了那么满满一车的东西，说是带孩子不能老出来，所以买的是家里一个月要用的生活用品。在我们看来，这位低收入家庭的生活也还是不错的。

结账

在库里蒂巴的街上，我们还发现了个新鲜事。就是每家扔出来的垃圾一包一包的不是放在地上，放垃圾的地方离地面起码有一米多高。问了后知道，不放在地上，一是不会被狗拉来扯去，二是垃圾流出的水不会污染地面。

购物

市长之街休息处

市长之街前的快速公交

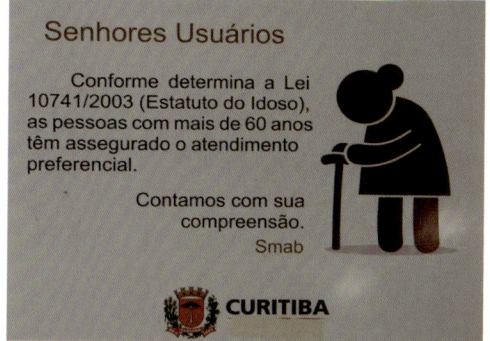

告示的意思是60岁的老人享受优惠

绿意盎然的垃圾堆放处

另外，在库里蒂巴，2003年发布了10741号法律，60岁以上的老人购物不用排队。

就要离开库里蒂巴时，我问这两天一直给我们开车，并把我们带到市长之街的司机："我们看到了你们这个城市那么多好的地方，你认为还有什么问题吗？"

他说："当然有，我觉得政府还是主要侧重城市，郊区的交通不如城市好。另外这个城市的地下水系统有问题，下大雨的话，屋子里会进水。我给市长电话，156投诉电话打过几次了，可办事效率还是不够高。可能是人手不够吧。"

我们和这位司机分手时真诚地向他道谢，感谢他让我们明白了今天的库里蒂巴为什么能解决那么多现代化城市差不多都会遇到的棘手问题。

库里蒂巴市政府

孩子们为我们摆POSE

水边开去时,巴西的国鸟巨嘴鸟也被摄入镜头,到了水边,准备上船时,一头鳄鱼又进入视线。

蓝鹦鹉飞过

沈孝辉认为,库里蒂巴能有今天,首先归功于盖默·勒那市长。市长最大的成功在于治愈了城市的环境与社会综合征,并使身处社会下层的市民改善了生活,重新恢复了尊严、希望与信心,从而大大增强了市民的凝聚力和建设新城市的积极性。

为水葫芦正名

我们此次的南美行要看到"四大":大沼泽、大森林、大瀑布和大冰川。

潘塔纳尔也叫大砍布湿地,那一片大湿地的面积有19万平方公里。3月30日,我们出屋门后20分钟之内,就先后看到两只蓝鹦鹉在头上比翼飞过。当越野车向

树上的蓝鹦鹉

湿地植被

鳄鱼离我们不远

南美洲野生动物最主要的分布地有两个,一个是亚马孙,另一个就是潘塔纳尔。

今天,生态学家徐凤翔从一上船就开始边看边向我们讲开了:"我们现在看到的是一个水系,有水生生物、沼生生物,也能看出树木对水的需求和适应。水系和湿地范围内的种类丰富,适应方式精巧。"

适应方式精巧,这一评价,我们在船上时她就一直挂在嘴上。为什么说是精巧呢?

因为充满了对大自然的激赏。激赏,我觉得能概括徐先生对这里的态度。在南美洲湿地,生物学家对每一种植物的称谓是十分谨慎的,除了赞美以外。

我们最初看到这一片小黄花时,徐先生认为,虽然属于含羞草,但不能确定种,还是先拍下来回去再查查。我摸了摸它的叶子,叶片马上卷起来了,于是就不知天高地厚地给它们起了个名字:水中含羞草。

徐先生虽然没有轻易地确定这是什么种,但还是给我们讲起了这里的树种是沿水线分布的。在不同的季节,水位高低不同的情况下,还有很特殊的适应性,反应也是根系越是靠近水线的,它的气生根、呼吸根、支持根越起到了根系组织内部细胞疏松、中空,便于气体交换的作用。

徐先生说的精巧,还表现在容水和排水功能上。支撑在水土界面上生长的植物,如含羞草,它的茎是中空的,外面包了一圈白色的绒毛贴。这样一来,它的调节空气能力和浮力都不能不让人称奇。而在水波中,它的小黄花在水面上的浮动、形状、色泽,更怎是一个精巧了得。

水葫芦在南美的这片水域里有两种，一种是一串串的开着像喇叭花似的粉花；另一种开始我们以为是这种粉花开过之后的花棒，可后来摘了一串仔细看后发现，这花棒其实也是由一朵朵小花组成的，好看极了！

湿地水域

水中的小黄花

水中的含羞草

含羞草茎白色的绒毛贴

水葫芦开花

就在我们兴奋地看着这一簇簇、一串串的花在水中起伏时，徐凤翔先生又对目前生物界的另一种说法提出了异议：水葫芦不应该有现在那么坏的恶名。为什么水葫芦在潘塔纳尔就不是疯长，而且能与其他的浮水植物平分"天下"之美？水葫芦在我们国内的湖里、河里疯长，先要怪的是水里出了问题。年近八旬的老太太，思维真是活跃极了。

我说，水葫芦在中国是外来物种入侵，没有天敌，所以才会"干掉"其他物种，独霸水域，并让湖水连喘气的空隙都没有。

要给水葫芦正名。徐先生首先说，是水体流动性差，污染太多，才造成水葫芦生长迅速，其他物种难以生存，所以才独占水体，造成厌氧环境，影响其他物种的生存。所以，不能一味地讲水葫芦物种是"入侵"，其实是环境治理的问题。

与水葫芦共生

她进一步指出，在巴西的这片大湿地中，我们也看到除了水系的流动使多种水生生物生存外，在水生森林的环境下，上层林木对水体郁蔽，水葫芦自然就不会到处分布了。还有如果在水体环境一时改变不了的情况下，沿岸的耐水湿的树种和灌丛也可形成水体的郁蔽，一定程度上也可起到限制水葫芦分布的作用。

希望我们这次在巴西湿地考察中对水葫芦的认知，能对我们国内的水环境治理起到一定的作用。

徐先生认为，在不同阶段的需要，导致引种不慎产生问题。某一阶段看到这一物种的独特作用，就引进来了。像水葫芦，当初的引进，是由于它生长速度快，可用于猪饲料。

水葫芦花棒

食人鱼上钩

其实，任何物种的引进，首先要考虑到当地的生态条件与物种的长期适应。不能只简单地看到其短期效应，一旦问题发生就归责于"入侵"、有害，这对一个物种也不公平。

金刚鹦鹉

不管徐先生怎么评价大自然中的适者生存与协调发展，巴西的确是一个环境资源极为丰富的国家。潘塔纳尔大沼泽地，更有其著名的生态景观。沈孝辉认为，其独到之处，不仅是无与伦比的湿地生态，而且是由于实行一种真正与自然协调的社会机制，使之当之无愧地成为人与自然共享的家园。

水中芦花

行"注目礼"

沼鹿

鸸鹋

狐狸

我们在短短的两天时间里，看到的南美鸟种说不上有多少种，但近距离拍到的，仅从外观看，非常漂亮的就有十多种。食人鱼，我们每人都试着钓了，差不多每个人也都有收获。

潘塔纳尔这么好的生态环境，这样的人与自然的关系，还要从19世纪末开始来说说。那时，那里的土著为瓜拉尼部落的印第安人。1870年巴拉圭战争结束后，巴西政府为了巩固疆土，以赠送地的方式鼓励移民来潘塔纳尔开发和居住。

潘塔纳尔在开发之前，是一片堪与亚马孙媲美的莽莽苍苍的原生森林。开发之后，森林虽然连砍带烧改作牧场，但是生物多样性却没有遭受到摧毁，奇迹般地保存下来。究其原因，这是由于政府、庄园和自然三方力量协调平衡的结果。

前面我们说了，巴西法律规定，建立庄园，必须保留至少占地面积20%的原有天然林作为生态保护地，不准砍伐、不准放牧、不准狩猎，即便是林木自然死亡、倒伏，也不准随便利用，任其自生自灭，以维护生物链各个环节的需要和森林生态的营养平衡。

在巴西的牧场上，也要求保留一些大树，供鸟儿在树枝上营巢，牛群在树荫下栖息。因此，尽管潘塔纳尔的原生丛林边建起了牧场，其景观并非典型的草原景观。旱季，那里是稀树草原；雨季，则变成了稀树沼泽。

水鸟

放马

牧牛

草中

满地的蚂蚁窝

沈孝辉说：巴西政府还规定，在潘塔纳尔庄园只允许经营畜牧业，不允许经营种植业。他认为这条法律非常重要。因为如果允许发展种植业，为了集约化、机械化经营，就不仅要砍光土地上的丛林，连稀树也不能保留。而且，为了将湿地改造成耕地，势必要挖渠排水和筑堤挡水，结果整个潘塔纳尔湿地将彻底毁灭。

正因为巴西政府有先见之明和正确的政策，尽管数以千计的私人庄园几乎布满了这片辽阔的湿地，但它们既是牧场，同时又是野生动物的保护地。

如今的潘塔纳尔，在旱季，当地人利用稀树草原饲养牲畜；而在雨季，他们就把牧场交给大自然，使之还原为湿地。当地人宁愿自己的牧场年年在水中浸泡三个月，年年把自己的牛群迁往高地，也不修堤坝以拒水于自己庄园之外。

当地人不与自然对抗而谋求与自然适应的经营方式，不仅免除各种灾害，同时有效地保护了潘塔纳尔独一无二的生态系统，使之在全球众多湿地都在开发利用中发生退化并遭受破坏的今天，得以完整地获得保护和延续。

今天到潘塔纳尔旅游的多是欧美国家的游客。在那儿的庄园里，可以既享受现代文明的生活方式，也享受大自然。庄园里的印第安人非常尽职地带着你认识自然中与人为友的野生动物。不管是白天，还是晚上或黑夜，我们看到的但没有拍下来的野生动物有成群的野猪、豚鼠和食蚁兽。

荣枯

从空中看亚马孙

包一架小飞机，这在以前是想也不敢想的。可是为了空中拍亚马孙，我们5个关爱江河的人，竟然就每人掏220美元，一共1100美元在巴西的亚马孙州包了一架小飞机，从空中看了一个小时的亚马孙河及河两岸的绿色。

10年前去北极，我是在美国阿拉斯加坐直升机上的北冰洋破冰船。这次是我第一次乘只能坐5个人的小飞机。飞行员是个高高大大的小伙子。我们上到飞机上的第一感觉是什么？不是害怕，而是热。大家戏称想上天，就要先"桑拿"。飞机上没有空调，就只有飞行员手可伸出去的那个小窗口。飞机爬高到500米后开始在空中盘旋。

雨云

南美洲不像非洲有很多大型的野生动物。这样算下来，此行我们除了没有看到美洲豹以外，大多数叫得上名字的野生动物都看到了。

明天我们将要前往亚马孙地区，去看看这世界上最长、水量最大的河。

落日

小飞机

飞行员

机舱里

我坐在飞行员的旁边,以为是一个很好的拍照位置。可是飞机从爬高开始我就发现,前面的操作台很高。大概飞行员并不需要往下看,平视空中就行了。

起飞前我旁边的门一直不关,我还以为是为了便于我们拍照。可是真的要飞时门还是要关上的。这样我要拍到下面的亚马孙,一是要在机头朝下的时候,二是右边的窗户,不过也要在飞机的翅膀朝下时,平飞时是拍不到下面的亚马孙的。再加上隔着一层玻璃,眼睁睁地看着下面的景色就是拍不到。连热带急,用徐凤翔先生的话说,脸上的汗珠子大颗大颗地往下滚。

亚马孙黑白分明

空中看亚马孙

开始，飞行员并不知道我们的意图，以为只是一般的在空中看看亚马孙呢。哪想到飞了两圈后，我就急得开始指挥起他了。我用手指着下面那一片片的绿色，让他把飞机往那边开。这一指挥还真灵，他用对讲机说了几句我听不懂的葡萄牙语后，飞机真的就掉头向亚马孙的那片绿色飞去了。

从空中看亚马孙，我开始明白了它今天为什么还能有20倍于长江的水和为什么对全球的气候有那么大的影响。如果说，昨天进入森林里看到的是"水淹森林"的话，今天从空中看到的就是亚马孙支流与干流的交错，森林与湿地的亲吻，水、林、人的共存。

亚马孙河起源于安第斯山脉，在它千

干流与支流的交错

人、水、林的共存

不知道人家航拍都是怎么拍的，反正我的航拍是不管三七二十一，先拍下来再说。因为，以前都是平面看江河，站在山上看，看到的也只是那么一段。如果是乘民航飞机，一定是在几千米、几万米的高度往下看。

而今天，小飞机与江河上下这500米的距离，让我终于看到"一条大河波浪宽"的立体感，看到"河纳百川"是怎么样的。根据飞行员告诉的千岛湖的地方往下看，其实就是一团团的绿洲。这些绿色的"团城"，在空中看不就是一个个绿岛吗！

在自然中认识自然，在自然中学习自然。从空中往下看时，对这两天徐凤翔先生一直对我们讲的这一观点有了更深的体会。

回百转、掉头东去的万里征途中，一路接纳9个国家的1300多条河川，形成世界上流域最为庞大的水系，造就了世界上面积最为广阔的冲积平原。从空中看，一条条支流流入亚马孙干流的过程一览无余；而且，它们之间的关系也"交待"得十分清楚。

"河纳"百川

林水相连

在空中看下面的绿岛，"丛林状。沿岸的水树交融。树绿的颜色和水蓝的颜色透亮。在阳光反射下，叶子油绿，水波如宝石蓝一般。"——徐先生在飞机上，虽然因为热得头晕闭上了眼睛，嘴里却还在朗朗说着。

森林与村庄

森林与城市

亚马孙两岸范围很广。除了水系、城镇布局以外，其他都是绿绿的森林。

想到这两天学到的：热带雨林除了生物多样性丰富外，还有湿热使得森林的生产速度快。从外形上看，高和大更是它的特点。

高：树高，森林的主林层都在四五十米高。灌木高，很多灌木已经长成小乔木状。草高，很多草可以长到四五米。藤本长，一些豆科的藤本长数十米至百米以上，在树冠和地表可上下往返盘旋多次。

树高

美不胜收亚马孙——见证巴西的生态协调

灌木高

王莲

大：树冠大、叶大、花大、种子大。像豆科植物的种子有的大如柿饼。

花大

树冠大

比人还高的叶子

这些都说明了热带雨林生命力之旺盛、生长速度之快。连小小的蚂蚁都能把窝"搭"那么大。

蚂蚁窝

一个小时的飞行、一个小时的从空中看亚马孙，让我们百感交集。我是一直在想，回去后一定要找个机会从空中看看长江。亚马孙没有一座大坝，至今依然保持着亘古狂放不羁的野性风貌。而我们的长江及其支流呢？除了被污染、被一段段地截流以外，它的两边已经完全没有了亚马孙这样的绿色了。那么在空中看，长江又会是什么样子呢？

徐凤翔先生感慨的是："前两天我们在从潘塔纳尔飞到亚马孙的飞机上，我一直从地面上看树、草、城的布局关系。在那里，城市的建筑的确是掩映在树丛和绿地之中。而广阔的原野，是不整形的草地绿块，被深绿色的树木带包围和隔断。我的心里情不自禁地生发出'目光所及，未见裸土'八个字。怎么能这样美！这在我研究多年的藏东南也是达不到的。"

而徐先生更想说的还有：心里很不好受。作为生态工作者，有一种深深的愧疚和遗憾。人家的亚马孙和我们的长江比，差距太大了。

徐先生说：从单位面积来看，热带雨林的生物生产量并不高。一个单位面积上，只有几棵大树，其他都是各个层次的草、灌、藤。和人工种的林子成行、成条地相比，生物生产量显然是无法比的。但原生的森林有着很明确的质量优势、生物多样性优势及生态优势。这些都是人工林所无法比拟的。

空中看亚马孙，或许因为我们照相设备和拍照技术所限，不能完整地表现其魅力。但是它的树绿、河清是无法打折扣的。无论从陆地、河上还是空中看，这份绿，都在向我们昭示着大自然的本色和住在这片绿色中人与森林、人与江河的关系。

把我在空中看到的、拍到的绿与更多的朋友分享，这是我现在非常想做的。这里面应该包含着一份责任。

明天，我想说的是亚马孙的旅游生意是怎么做的。

亚马孙的旅游业

亚马孙旅馆内景

来亚马孙旅游的各国游客留言

旅馆门上的亚马孙豚

这三张照片都是2009年4月3日我在巴西亚马孙河边的旅馆里拍到的。

今天的行程，当地人告诉我们是坐船先到亚马孙州建在河边的一座旅馆，然后去看一个印第安人的村落。印第安部落我们当然都很有兴趣，但参观什么旅馆，几个人都表示兴趣不大。可人家说去看看吧，我们也就只好去了。

从空中，我们已经看到过这家旅馆，掩映在绿树当中。真的走进去，看到这些楼层的走廊和房间门上的画，我们个个就都在本以为"不就是个旅馆"的地方噼里啪啦地拍开了。

生态游、特色游，我们中国搞了不是一年两年了。可是，以一条大河为依托地开展旅游的地方到底有多少呢？记得2007年我们"江河十年行"的时候，同行的水利水电专家刘树坤先生就一再地强调，怒江既是生物多样性的长廊，也是景观的长廊、民族风情的长廊。可是当地政府这些年来，就是把劲使在建一级一级的梯级电站上。至于旅游设施，从我2004年春天到那去开始，5年多了，丙中洛——怒江第一湾，景色非常漂亮的地方，农民的家庭旅馆全是靠农民自己去发展，政府几乎没给什么扶持，而那里一个家庭中就有五个民族的不在少数。

中国是个多民族的国家，中国也是世界上物种最丰富的五个国家之一。可有生态特色、民族风情特色的旅游，在怒江或者说在中国，能和巴西的这家旅馆比一比吗？

我们在亚马孙河的一艘浮船上吃中饭。亚马孙有半年的枯水期，半年的丰水期。水位的变化让游人每次来都有新鲜的感觉，这种浮船，还有当地人住的房子，到了雨季就要拖走的。这个临时性的船上餐馆干干净净，墙上挂满各种材质做的亚马孙巨嘴鸟、金刚鹦鹉，还有鱼鳞和羽毛做的耳环，蓝色的玛瑙做的风铃。生态与文化，在亚马孙被融化在旅游中并得以张扬。

水边厅的墙饰

水边餐厅

一路上，我们的生态学家徐凤翔都在重申她的观点：生态游一定要包括学习。她还认为，生态游要在自然的基础上锦上添花，不能给自然画蛇添足，画蛇添足就是俗。这一个俗字,让我想起了我们国内多少旅游胜地溶洞里的孙猴子和白骨精,还有到处卖的都是一样的仿制品。

亚马孙是动植物丰富的地方,游人到那去要欣赏美。但让游人了解自然、感受自然、认识自然、和自然交朋友,这也是亚马孙人的追求。

上岸的水鸟

玩耍

而且,这种追求在亚马孙不是口号,也不是宣传,是在旅馆房间门上画上亚马孙豚,在饭厅墙上画上当地特有的鸟种,大堂的各个角落,都让人们感到你是在亚马孙,在和亚马孙零距离接触。

与游人共处

旅馆里的门上和墙上

把特有的植物画上去

旅馆登记处

旅馆登记处旁边的雕像

船形的茶几

屋子里的箱架和椅子

洗手间

住在这家旅馆里,人们与当地的自然有着各种各样的接触。离开后,这又成了人们对那儿的另一种回忆。那些让人们买走的旅游产品,表现的则是亚马孙自然与文化的合体。

纸篓也是艺术品

用鱼鳞做的印第安头像

沈孝辉说：当"生态"已经成为一个可以用来装点门面的时髦字眼，"生态旅游"也可以变成一种挣钱的手段的今天，我们有必要还原其本来的意义，使更多的人了解究竟何为生态旅游，如何才算实现生态旅游。

《国际生态旅游标准》对生态旅游定义为："着重体验大自然来培养人们对环境和文化的理解、欣赏和保护，从而达到生态可持续发展的旅游。"

正像徐凤翔和沈孝辉说的，"体验大自然"是生态旅游的基本方式和内容，通过亲近自然、接触原住民来实现。有无这种"体验"，是生态旅游与非生态旅游的主要区别之一。而体验又是在全过程的体验，并非只是在到达终点时的那一点体验。

如今在我们的旅游中，一些游客不清楚自己对环境应负有的责任，只把大自然作为一种商品，认为花钱就可享受自然。沈孝辉认为，这种物质享乐型的暴发户旅游，其实是一种低层次的旅游。

沈孝辉还说，另一方面的欠缺来自旅游管理与旅游开发部门。为了满足物质享受型游客的社会需求，并借此获得丰厚的经济收益，不少地方政府、旅游开发商和旅游经营管理部门，都竭力加大基础设施建设的投资力度，热衷于在保护地内大兴土木、架设缆车和修建名目繁多的宾馆、培训中心和招待所。这不仅助长了腐败之风，更导致了保护地的商业化、城市化和人工化，破坏了保护地的真实性和完整性。

生态游，基于人与自然之间保持的平等与和谐的关系，旅游者对大自然充满了尊重、敬畏与关爱。在欣赏自然美色的同时，也在倾听自然的呼声，关注和思考着环境问题。这是一种肩负社会责任的旅游方式。

生态游，对旅游地的传统文化、传统知识、传统习俗和传统宗教同样充满了尊重。因为这些文化传统与当地的生态环境是唇齿相依的。我们常说，一方水土养一方人。其实，一方人也在呵护着一方水土。所以，这种传统地区的乡土文化，也是生态旅游关注的热点。在关注文化的同时，不仅原住民的宗教、习俗受到了充分的尊重和维护，他们参与到开发、管理和利益分配中的权利，也得到了充分的尊重和维护。

美不胜收亚马孙——见证巴西的生态协调

迎接游客

准备表演

等待出场

部落酋长

我们去的这个印第安部落现在基本以旅游为生。有人来了，他们先是把自己的脸上涂抹一番，接着就把游客的脸也画上彩色，然后开始表演。表演的节目都和日常生活有关，有打渔，有祭祀，也有婚丧嫁娶。

- 59 -

舞蹈

打渔表演

印第安小姑娘

那天,印第安人的表演结束后,我们和他们随着鼓乐一起跳了很久、很久。不同皮肤、不同文化、不同宗教间的差别消失了,有的是对各自文化的享受、尊重和认同。在人的一生中,能有这种体验是幸福的,也是快乐的、真实的,更是纯洁的。

脸上涂有印第安人的彩画,胸前、手腕戴有刚刚买的他们用羽毛、草籽、鱼骨做的工艺品,一起站在茅草屋前拍张照片,心里那份感动、那份深情,将会成为我们的精神财富,更会提高我们的文化修养。而这种修养在我们内心的升华,是亚马孙这条大河及住在这条大河两岸的人们促成的。

我们中华民族的母亲河长江,也会给我们同样的感受,我相信。但首先需要我们认识它、尊重它、关爱它,不是吗?

美不胜收亚马孙——见证巴西的生态协调

脸上还画着部落的印迹

明天我们将飞往伊瓜苏。那里有世界上最大的瀑布，也有世界上最大的水电站。

夜幕降临亚马孙

为南美最大的水电站伊泰普而建的生态园

今天一到伊瓜苏就听说，中国有无数水电工作者来过伊泰普。特别是要修三峡大坝以后，来的水电工作者就更不计其数了。学习、取经，是来的理由，可是究竟学回去了多少呢？起码有两点我认为是应该学的，可中国的电站到目前还没有学到的：一个是为鱼而修的鱼道，另一个是为被淹没的珍稀动植物而建的生态园。

伊泰普电站

伊泰普水电站建在巴西的伊瓜苏。印第安语里伊瓜苏是"会唱歌的石头"。这里的伊瓜苏大瀑布，曾让美国总统罗斯福的夫人感叹：我那可怜的尼亚加拉与这里相比，简直就是厨房里的水龙头。

这两个大瀑布我都见到了，我倒是觉得它们各有各的特色。对我来说更关心的是，伊泰普电站的修建对伊瓜苏大瀑布有没有影响。

巴拉那河是拉美的第二大河、世界第五大河，年径流量7500亿立方米，流经玻利维亚、巴西、巴拉圭、阿根廷和乌拉圭。4月5日，在伊泰普水电站的生态园里，导游小姐在我问她时说的是没有影响。而我们的中国导游陈女士却告诉我们，水电站1997年建成使用两年后，曾经有几个大瀑布都干了。至于为什么，因为电站和大瀑布一个是在巴拉圭河，一个是在伊瓜苏河，并没有在一条河上。不过现在还没有一种观点能说服另一种。瀑布的水没有了和电站有关，是目前当地人的看法。

三国交界处的议事厅

伊泰普电站本来是要巴西、巴拉圭和阿根廷三国共建的，可当时因阿根廷的经济好，"胃口"大，一家三分之一的分他们不同意，非要多占。最后巴西和巴拉圭得到世行的钱，索性不和阿根廷"玩"了。

现在伊泰普电站满足了巴拉圭95%的电力供应，占巴西电力消费的28%，对国民经济与社会发展的作用是巨大的。但毕竟淹没了大片土地，使周边城镇蒙受了损失。

沈孝辉说，为此伊泰普电力公司从1977年到2023年的近50年时间内，按月支付给有土地被库区淹没的城镇一笔补偿金。这笔补偿金实际是发电经济效益的利润分成。水电开发就算是为国家整体做贡献，也不能让局部的地方利益和个人利益受损，而是共享发展的成果。这个在当地还是有共识的。

伊泰普电站1991年建成时并没有为鱼着想，没有专门修有让鱼通过大坝的设施。2002年，因电站对鱼的影响，有洄游习性的鱼因大坝的修建无法"鲤鱼跳龙

鱼道

门",这才修建了现在公认的有良好效果的,为鱼洄游而修的鱼道。

鱼道边的豚鼠

在伊泰普电站淹没区的河里有39种鱼,现在有差不多33种鱼通过这三条鱼道成功地洄游。能从这大约十公里长的鱼道通过的鱼量占鱼总量的70%,这是当地人告诉我们的。

我们中国现在大坝的拥有量是世界第一。尽管现在很多科学家对鱼道还存有疑问,鱼真的能过去那么多吗?但我们国家到目前为止,还没有一座大坝为鱼修鱼道。不管是多大的坝。是技术达不到还是不愿花这笔钱?还是鱼没有人重要?

伊泰普电站电力公司还出资建了环境博物馆,馆中保留下库区淹没前的"生态记忆"。可惜因为时间关系,我们没有去这个博物馆。不过公司为拯救淹没区的野生动物,规划出了一处面积很大的保护地,成为从库区中迁移出来的众多野生动物的避难所。

我们去时因带我们的导游只讲葡萄牙语,而陪我们的翻译对这些动物的名称有些又翻不出来,所以我们拍到的动物有些就叫不上它们的名字了。

蟒

发呆

巴西龟

猫头鹰

游水

从大自然到笼子里，命是保住了，生活环境却不同了。我们人类不懂动物的语言，不知它们会是什么感受？

这只美洲豹已经在它如今的家里走出这样一条小路。在大自然中，它们的奔跑速度可是飞一般快的呀！还有食蚁兽，这么大"个子"的它们一天要吃多少蚂蚁呀！

困居保护地

这头美洲豹每天只能无数次地走在这条小路上

住在这个避难所里,它们吃得惯人类给它们提供的饭吗?

食蚁兽

蚂蚁窝

家园比原来小多了

沈孝辉这些年在巴西对伊泰普电站做了较深入的研究。他告诉我们:据世界自然基金会近期所做的一项调查显示,由于伊泰普电站的兴建,巴拉那河生态遭受到严重威胁。上游7座瀑布被淹没,有一座还是能和现在伊瓜苏最大、最漂亮的瀑布媲美的。另外,大坝淹没十几万公顷土地,摧毁了原有的森林、湿地和草地等生态系统,并影响河流中的水生生物和淡水鱼种类。

沈孝辉说:人们长期以来持有一种错误的见解,认为较之火力发电,水力发电至少可以算作"清洁能源",因为不排放二氧化碳等温室气体。而国际最新研究表明,热带水库释放的温室气体可能还多于使用化石燃料的电厂。巴西亚马孙研究所的学者经过多年的观测研究发现,在亚马孙流域,一座热带水库在开始运用的头十年里,所释放的碳竟然是一座同等规模的火力电厂的四倍之多。

为此,沈孝辉认为:即便不考虑对生态的破坏,仅就温室气体的排放而言,笼统地将水电列入清洁能源也是不科学、不严谨的。

生态园里的导游

捡片树叶闻一闻

树上铭牌

我们人类需要发展,需要现代化的生活。从我们开始关注江河以来,很多人把我们说成是反坝派。其实,我在这里介绍伊泰普电站,更希望介绍的是,巴西和我们一样是发展中国家,经济发展水平近似。那么在巴西,一个大电站的修建,有关生态的修复及补偿，人家是怎么做的？修建鱼道和生态园，就是表明巴西人不仅让人类的发展有能源保证，同时也考虑到在这个地球上我们人类的朋友也要生存，也要发展。

专家在记录

伊泰普水电站的移民是4万人。电力公司除了给移民盖房置地，补偿金达2.5亿美元。平均每个移民6200美元。

在巴西还有一个撒尔托电站，规模不大，却以移民安置的独到之处成为享誉世界的成功典范。他们的做法是，针对无地或少地的农户，巴拉那州能源公司实施了一项"统一安置计划"。能源公司在库区买了4万英亩土地，经过自由组合，共形成了19个社区，在10个已经准备就绪的

自卫

林中绞杀

农场内进行安置。这些农场已经具备包括供水供电系统、道路、电话、学校和医院等基础设施。每个移民户至少分得40英亩土地和一所带3至4间卧室,一个粮仓的砖瓦结构的房屋。

淹没区

沈孝辉这些年在关注中国江河的保护与开发中,曾提出对江河的分类开发。已经开发的可以继续开发,没有开发的,特别是生态脆弱地区的江河应该保护。可是他的观点并没有得到应有的重视。在对巴西水电站的研究中,沈孝辉着重关注的还有大型工程中的公众参与。

沈孝辉给我们讲了这样几个例子:撒尔托水电工程修建时,一些受水电开发影响的无地农民和劳工联合所有民众,成立了一个"伊瓜苏河地区受水坝建设影响的民众运动"的组织,为捍卫自己的生存而斗争。后来,巴拉那州能源公司派人进行勘察时,乡村劳工运动组织占领了未来施工的场地。他们调整了单纯反对建坝的对抗性方式,而要求与能源公司进行对话,主张这座新的大坝工程必须经过公开讨论,在确保受影响民众利益的前提下才能动工。与此同时,为了维护环境法,巴拉那州环保部门和当地居民聘请的律师也开始介入。能源公司还接受了成立协商研讨机构的提议,该机构被命名为"多学科研究小组"。这个机构由环保部门、州政府、居民区代理律师、劳工运动组织和电力公司的代表组成委员会,对共同面临的各种问题进行充分的讨论协商之后,委员会的各成员以平等投票的方式进行决策。

这样的方式,使得巴拉那州能源公司认识到,如果能够就水电开发项目相关的各种问题进行公开的讨论,那么全体参与者就会分担责任,能源公司就能够与各方代表成为该项目的合作伙伴。沈孝辉说,乡村劳工运动组织也得到了政府的承诺。所以,在"多学科研究小组"做出决定后,如果能源公司未能采取相关行动,将得不到大坝建设所需的许可证。

沈孝辉的另一个例子是:当地有一个人口4.5万的城市,其消费的蔬菜和水果由于来自外地,运距长,从而增加了成本,提高了价格。当能源公司聘请的一家名为"巴西小型城市企业扶持中心"的政府组织调查了解到此情况后,便把当地农户组织起来成立了一个合作社,训练他们采用有机种植的方式生产更有市场竞争力的绿色蔬菜产品。如今,这个合作社生产的蔬菜和水果已经销往整个地区的每一座城镇。

沈孝辉说,这是巴西水电开发建设事业一次具有深远意义的制度性改革。今天在巴西,电力公司主宰水电开发的时代已经一去不复返了。由当地社区民众、环保部门、政府机构、非政府组织、律师和专家共同组成的"多学科研究小组"与电力公司代表共同参与水电工程的社会影响与环境影响的研究,而且参与计划与方案制定的全过程。这不但可以有效地减少环境成本与社会成本,还可成为推动地区经济社会全面进步的有生力量。

巴西水电站的建设,真的有很多让我们可以借鉴的做法。我们呼吁这么多年了,也总有人在说,你们反对建水坝,那能源问题怎么解决?巴西的做法我认为可圈可点,一是为鱼而修路,一是公众参与。有了考虑其他动植物的理念和具体措施,有了相关群体的利益能够得以保证的手段,在不是地震断裂带上、不是生态脆弱的地区建水坝,应该还是我们人类发展中的需要。

期待着中国的水电工作者再到巴西参观时,能学到更多的精髓。生物是多样的,我们人类发展的方式也不能不多样。

改造后的巴拉那河

明天我们要看看，伊瓜苏大瀑布到底是怎样的壮观。

全球最壮观的瀑布群

说到之最，一定有不可比拟之处。全世界到底有多少瀑布，我想是无法计算的。

伊瓜苏瀑布

瀑布与彩虹

目前被称为世界景观之最，一定也只是目前人类的发现，不见得今后就看不到比这个瀑布还要大的瀑布了。

位于巴西和阿根廷两国的伊瓜苏瀑布是一位西班牙传教士兼探险家阿尔·瓦卡于1542年意外发现的，但并未引起外界更大的关注。

直到20世纪初，伊瓜苏瀑布周边的森林一直因是属于私人的领地而被封存。1916年，巴西著名发明家阿尔贝托·桑托斯多蒙特驾驶飞机到达伊瓜苏瀑布的上空，被这巨大的瀑布群惊呆的他，下飞机后的第一句话就是：如此美妙的地方，不应该只属于私人的，而应该开放给世人共享。

绿树丛中

走近瀑布

多种色彩中的瀑布群

瀑布群中的漂流

瀑布与植物共生

伊瓜苏瀑布被称为"魔鬼咽喉"

  从那以后,桑托斯多蒙特不遗余力地向政府部门游说,主张把伊瓜苏大瀑布收为国有。后来是由联邦政府出资,从私人手中购买了这片土地。

往下看伊瓜苏瀑布

沈孝辉告诉我们，伊瓜苏的价值不只在瀑布，它还是巴西南部完整保存下来的面积最大的，也是最后一片亚热带雨林。林中保存有2000多种维管植物（包括苔藓、蕨类、裸子和被子植物），栖息着南美浣熊、美洲猫、美洲豹等众多珍禽异兽。

金嘴蝎尾蕉

小鸟乐园标板

巨嘴鸟

导游告诉我们,现在伊瓜苏国家公园开放的只有2%,98%的地方游人是进不去的。其中还有40%的面积,人类还完全没有进去过。也有人说,那里有98%的面积是作为物种基因库供科学研究的。

伊瓜苏保护地在初创时仅有瀑布及其周边的1000公顷。随着人们对生态价值认识的逐步提高,保护地的面积也在不断扩大。1984年和1986年,联合国教科文组织分别将阿根廷和巴西这两边的伊瓜苏国家公园列入世界自然遗产。

因为时间有限,我们不能做太细致的采访。好在第二次来伊瓜苏的沈孝辉一路给我们介绍。他告诉我们,伊瓜苏除了瀑布浏览线之外,还在公园开辟了一条穿过原生森林到达瀑布上游伊瓜苏河的生态旅游专线。这被称为"黑景旅游"的专线只是一条简易的土路。不论游客来多少,均有专职导游一路伴随。这条路可徒步,也可乘电动车,到了河边还备有橡皮艇。这片被称为太平洋亚热带雨林的林中,植物生长繁茂,遮天蔽日,林下阴暗潮湿,藤蔓缠绕,附生植物繁多。

巨嘴鸟的种类

红色的鸟

黄色的鸟

伊瓜苏瀑布的地摊

想看阿根廷伊瓜苏的"魔鬼咽喉"要乘小火车。下了小火车，先是看到一群印第安人摆的摊儿。从介绍中我们得知，伊瓜苏国家公园商家在这里的开发是受到限制的，但是印第安人的这种摊儿却是受到保护的。伊瓜苏地区据说有70个印第安部族，他们是这片土地上的真正主人。

成立国家公园以后，当地人虽然不能

看伊瓜苏瀑布要乘小火车

继续在原来的土地上居住，但是政府在政策制定中显然考虑到其利益和权益，就是允许原住民在自己的土地上谋生，只不过是换了一种方式。原住民不再狩猎捕鱼，而是经营旅游商品。这种拒绝商业化的开发，让不破坏保护地资源、景观与维护原住民的权益达到一致。

其实在我们这些年关注江河的时候，中国这样的例子也是有的。四川康定的木格措，当地的藏族称她为神湖，走近她都会有一种敬畏之感。2003年当地要开发水电时，我们去那儿采访。老百姓很是着急，他们说：这些年靠牵马、照相、开家庭旅馆，我们的孩子上学了,家里盖了新房。我们小时候木格措是什么样,现在还是什么样。要是修电站,不但要破坏神湖,我们也会被拒于电站大门外。经过专家、媒体和民间环保组织大声呼吁,2006年甘孜州政府终于做出开发绿色经济的决定。贡嘎山脚下的木格措及那片原生态的森林保住了。遗憾的是,2008年"江河十年行"再去那儿时,一户将要在十年中持续接受跟踪采访的人家告诉我们,木格措风景名胜区被张家界的老板承包,当地老乡的生活再次面临选择。这让他们的日子又过得很不踏实。中国目前的这些问题都出在哪儿了?其实是清楚的。可是要真的能像巴西这样,既使自然资源得以保护,又能维护原住民的权益,还有多长的路要走呢?

巴西、阿根廷的伊瓜苏瀑布群和非洲的维多利亚瀑布、北美美国和加拿大交界处的尼亚加拉瀑布被称为世界三大瀑布。不知世界上还有没有人类没有发现的瀑布群,也不知道一旦真的被发现了是不是好事?

明天我们将离开巴西,去世界最南端的火地岛,还可看到南十字星座。

伊瓜苏大瀑布(沈孝辉摄)

南极门户——走近地球最南端的阿根廷火地岛

走近地球最南端的火地岛

阿根廷的火地岛,是世界上除南极大陆以外最南端的陆地,也是南美洲大陆最南端的岛屿。它位于南纬52°—56°之间,毗邻大西洋。西与太平洋相接,南隔德雷克海峡与南极大陆相望,北隔麦哲伦海峡与南美大陆毗邻,是智利和阿根廷两国的最南端领土,其最南点就是闻名世界的合恩角。

俯瞰火地岛

安第斯山和麦哲伦海峡

飞向火地岛

火地岛是由主岛大火地岛和数百个小岛、岩礁组成的岛群,总面积7.3万平方公里。西、南部山地为安第斯山余脉,海拔1500—2000米，最高峰约甘山2469米。由于纬度较高，雪线高度仅为500—800米，并有现代冰川发育。

乌斯怀亚是阿根廷南部火地岛区的首府和港口，位于比格尔海峡北岸。该城距首都布宜诺斯艾利斯3218公里，但距南极洲却只有800公里，因此有人说这里是通往南极的门户。从澳大利亚、新西兰等地乘船到南极至少要一周的时间，而从乌斯怀亚起航，越过德雷克海峡，两天便可到达南极。我国首次南极考察队于1984年12月到达这里，进行食物、淡水和船舶用油的补给并短暂休整，然后继续南下，直奔南极洲。

乌斯怀亚在印第安语里的意思是海峡，可现在人们也常常把它翻成"通向西方的海湾""观赏落日的海湾"。比格尔海峡是太平洋和大西洋的分界线，东可去马尔维纳斯群岛，西可达大洋洲，南到南极洲，战略地位十分重要。

特殊的地域、神奇的自然和人文景观，吸引了世界各地的旅游者来此观光。为此，阿根廷于1960年在岛上建立了国家公园。

火地岛林中

世界最南端的国家公园——阿根廷火地岛国家公园最让我们感兴趣的是河狸在图尔比奥河上筑坝。河狸把沿河边的桦木、杨树类的大树从根径部位啃食，其木质作为它们的食物，大树根部则形成环状剥皮，使其枯萎、倒伏。河狸用这些倒伏的树枝做成"大坝的骨架"，再把长短的枝条拦河堆积成"木材枯枝的堤坝"。

河狸筑的坝

这个堤坝拦水后，被河狸当作安身之所，又能在此繁殖后代。但是，拦坝蓄水之后，坝上的林地地下水位上升。一些林木被淹死而成枯木，倒朽。这样的"改造"之后，原本的森林成了沼泽湿地。

在防河狸的铁丝网前

河狸筑坝后的景象

枯萎的森林

被河狸啃过的大树

为了保护沿岸的树木不受河狸的啃食，国家公园的科学工作者把树的根部50厘米范围用铁丝保护起来，不让河狸环啃。徐凤翔先生告诉我们，树如果被环状剥离后，也就离生命的终结不远了。

在地球最南端，影响河流自然流淌的竟然是河狸。公园对河狸的所有做法是不干扰，让它保持原样。除了让游客目睹河狸的生活习惯外，也算是听任大自然用它的方法协调动植物的生死存亡和发展。

3号公路尽头

火地岛原为印第安人奥那族、扬甘族和阿拉卡卢夫族居住地。1520年10月，航海家麦哲伦到这里时，首先看到的是当地土著居民在岛上燃起的堆堆篝火，遂将此岛命名为"火地岛"。1832—1836年间，英国生物学家查理·达尔文考察火地岛，自此该岛名声大振。

乌斯怀亚理论的辖区除火地岛以外，还包括南极领土和南大西洋几个群岛，总面积为1002445平方千米，居各行政区之首。由于南极条约签订后，各国对南极领土的要求已经被冻结，几个群岛又为英国所占，实际上区政府只管辖属于阿根廷的半个火地岛。目前这里常住人口1.5万余人。其中80%是阿根廷人。

弯弯的小河

3号公路的起点是美国的阿拉斯加，终点是"天尽头"——火地岛国家公园，世界最南端的湖边南极的门户，总长17848公里。

1904年，在岛上发现最后一个印第安人的后代后，人们在海边为印第安人塑像。

印第安人塑像

火地岛上的动植物资源至今保存较好，有不怕人的海豹和企鹅，有优良品种的羊和众多的野兔，茂盛的山毛榉树则构成了森林的主体。在岛南面的比格尔海峡一带，还时常有巨大、珍贵的蓝鲸出没。另外，火地岛的土著奥那族人的流浪式生活及其风俗也独具特色。他们在地上插几根木棍，再搭上几张骆马皮，就搭成了自己的房子。我们的日程安排是明天乘船去海峡。那时会见到什么动物呢？

徐凤翔先生告诉我们，整个国家公园的范围之内属于寒温带冷湿型气候，地上苔藓、地衣、草本植物丰富多样，尤其多种树衣在树干的不同部位成片、成球、成丝状分布。颜色既有绿色的长松萝类成球分布，也有黄色的短枝松萝成球。从远处望去，似乎树上悬挂着一个一个金黄色和草绿色的"小足球"。

叶状、丝状地衣

松萝

火地岛国家公园里有地球上最南端的淡水湖，因是冰川融水，湖水颜色呈蔚蓝色。可惜我们去时下雨，湖的蔚蓝并没有充分表现，但湖光山色仍神秘而俊秀。

配上森林中的小木屋，更是让我们陶醉在这天之涯、地之角。

阴天里的湖光山色

秋色中地球最南端的山、树和湖

地球最南端的湖，通往南极的门户

南半球秋色

湖两岸的植被是立体分布的。与白雪皑皑的山相连的是极地的苔原，然后是灌丛。与灌丛相接的是绿绿的针叶林，因已是南半球的秋天，针叶、阔叶的混交林已把大自然装扮得红中有绿，绿中有红。再

湖边采访

唤起徐凤翔的小木屋情结

不过因纬度的关系,火地岛国家公园有树木的上线只到海拔600米。也就是说,海拔600米以上就没有乔木了,只有灌木和苔藓,形成黄红间错的植物带。通常树线要在3000米到4000米以上呢。

火地岛国家公园是世界最南端的国家公园,也是世界最南部的自然保护区。雪峰、湖泊、山脉、森林点缀其间,极地风光不仅神秘,更是景色迷人无限。也有人说,美丽风光吸引的游客给这块本来荒凉的土地注入生机。问题是,人家这片荒凉,需要人为的生机吗?

山野之景

草地上的鸣天鸟

火地岛的美是荒凉的美,被几座山断断续续地围成一个海湾。湾内有几个孤零零的岛屿,在平静无波的水面上沉睡。当我们走在那木栈道上,看着原野上溪流纵横、茅草丛生,感受着其间点缀的种种灌木、树丛和水边一片片沼泽湿地,听着满江的黄褐色的苔藓和远处的雪山红叶在风中摇曳。那一刻,心中油然而生的是与世隔绝的空旷之感和对地球上荒原的敬畏。

南极门户——走近地球最南端的阿根廷火地岛

火地岛的树

这又让我想起了我们中国的三江源,三江并流。我们也有荒原,也有河流与小溪,但它们正在被我们人类一点点地改变。

我问当地人,全球气候变化对地球最南端的"门户"影响大吗?他们告诉我有影响,就是比原来暖和了,但降雪和降雨是多了还是少了,目前还看不出太大的不同。

通向天尽头的栈道

竞相记录

明天，我们将乘船去比格尔海峡的鸟岛、海豚岛和地球最南端的灯塔。

南极"门户"里的野生动物

比格尔海峡是南美洲南端火地岛岛群中的海峡。东西向，长约240公里（150

雨中的比格尔海峡

哩），宽5—13公里（3—8哩）。北为岛群主岛，南为纳瓦里诺、奥斯特等小岛。海峡西端绕戈登岛分为两支。

乌斯怀亚有一个被人们非常关注的点，那就是它也是大西洋和太平洋的分界处。那么分界处到底在哪里？科学家说是在合恩角。我们这次没能到达合恩角，因为乘船还要有两天的时间。

在网上我看到了这样的介绍，觉得挺有意思。两个大洋是怎样汇合与分界并被发现的？从地图上看，南美洲大陆恰似一个锋利的锥体，直插南极大陆，锥体的尖端是一个岩石尖角，这里就是大西洋和太平洋的分界处——合恩角，位于南美洲最南端，高395米。它的右面是浩瀚的大西洋。左面是一望无际的太平洋，它宛如一个威武的斗士，屹立在茫茫的两大洋的前哨，距离火地岛以南约113千米。它的北面是比格尔海峡，南面直到南极半岛有一条宽约900千米的水道，称作德雷克海峡。

合恩角和德雷克海峡是16世纪英国航海家德雷克发现的。1577年11月15日，德雷克率领远航船队从普利茅斯港起航，横穿大西洋来到麦哲伦海峡，于次年9月

6日驶进太平洋。

第一个在德雷克海峡越洋航行的人是荷兰航海家考斯顿。1616年,他在海角测绘了地图,并以其家乡的镇名把这一岩石尖角命名为合恩角。

合恩角地处两大洋纵深地带,临近南极圈,冷暖气流交汇。因而附近海域终年大雾,常有雹雨、冰雹,飓风恶浪及巨大的海涛轰鸣声令航海者胆战心惊。从这里出发驶往南极,是最近便的水路。多年来,不少航海者和探险家从这里前往南极考察探险。由于航行条件恶劣,从17世纪到19世纪中叶,已有500余艘船只在此沉没,2万余人丧生。

近年来,随着科学技术的发展和先进的水文气象测报以及优良的船舶性能,人们已能有效地利用这一水路往来于南美和南极之间,为进一步探测考察提供条件。

我们乘的船在比格尔海峡行驶时,天气时好时坏,拍下来的景色也是多样的。去之前就知道要看动物,所以充满了期待。

远看鸟岛

像企鹅的鸟

近看鸟岛

为什么全朝一个方向

上船之前,此行陪同的阿籍华人延晖就告诉我们,比格尔海峡是可以看到企鹅的,但我们来的不是季节。不过岛上有一种鸟,因为长得像,是有可能冒充企鹅的。当我们真的靠近鸟岛看到这些鸟时,又添很多疑问,它们为什么总是朝着一个方向站在那儿?它们和我十年前(1999年7月)在北极采访时拍到的鸟这么像,是一种鸟吗?还是南极的鸟长得都比较像?没有人能解答我的问题。只有把这些照片展示在这里,希望有知道的人能给以指点。

通往南极"门户"的这个小岛上,鸟的数量之多,场面之大,队列之整齐,不能不称之为海上奇观。有人说,人们爱说物以类聚,而麦哲伦海峡的海上动物就模范地遵循着这一自然规律。它们各占各的地盘,各走各的道路,你我之间互不干涉、互不侵犯、和谐相处。人类如果能有这些海上动物这么自觉、这么友善,该有多好啊!

在这个岛上,可以说海洋动物遍地皆是,成群结队的鸟中也可看到海豹。因为

北极的鸟

告别鸟岛

我们此行没有动物学家,所以我也不敢对看到的鸟和海豹妄加评说,只能把照片拍下来,回去再找专家。

不过拍摄这些野生动物的过程很是令人兴奋,每一个人手中相机的快门都像是机关枪似的"扫"个不停。特别是水中嬉戏的海豹,它们时而钻出、跳出水面,时而潜于水中。阳光、海浪都在它们的玩耍中闪着亮,像是灯光师帮它们把自己最美的一面展现出来。

真不知道我们拍到的这种海豹是哪种、哪属。但还是想介绍网上这样一段文字给热爱动物的朋友,因为无论从它的分布、样子还是习性来看,或许和这种皮氏斑纹海豚很像或近似,或有可能是"亲眷"。

"皮氏斑纹海豚应该是罕见并鲜为人知的动物,不过南美洲南端却颇常见,相当容易在海上鉴别。但可能与暗色斑纹海豚混淆,差别在于皮氏斑纹海豚有深色的脸部与下巴、暗色为主的背鳍以及白色的'腋窝'。体侧仅有一道灰白色的条纹,也可能会与沙漏斑纹海豚混淆。此外,皮氏斑纹海豚被渔网意外缠身或遭渔叉捕猎的数量多寡也让人非常关切。

"皮氏斑纹海豚的族群大小是3—8只,曾有许多群队形成暂时性大团队。成年重量约115公斤。行为:已知会在大型船只前方进行船首乘浪,也可能会伴随小型船只同行。有时游得很慢,但也能活力十足、展现空中绝技,经常跃至高空,再以侧身回落海中,激起大片水花。

潜水

抬头

"皮氏斑纹海豚，本种为麦哲伦海峡极常见的鲸豚类。阿根廷与马岛之间的分布可能是连续的。南太平洋的帕默斯顿环礁也可能见到，只是未经确认。经常可在海岸、峡湾、海湾与海口（尤其是巨型海草丛生处）以及大陆架水域发现其踪。分布范围的南界因捕蟹业盛行，所以目击记录已明显减少。"

它们的王国时，那副悠然自得的样子，就如同人类孩童时代的人来疯一样。

本来我们是很想在这靠近南极的海湾里看到鲸鱼的，但是延晖告诉我们，如果想观赏南极巨鲸，就要从极地沿南大西洋海岸北上至丘布特省比拉米德海湾，这里每年冬季都有五六百条南极鲸游来避寒产仔。这些巨鲸体重四五十吨，长度约16

猜猜一上一下的它们在干什么呢

向灯塔靠近

这两头海豹的动作是在做什么？我觉得有点像是在交配。同行的人有说像的，也有说不像。我拍到后，最希望的是有科学家看到，能对其科学研究发挥作用。在海上忙着照相时，忽然觉得那一头头海豹、一只只海鸟，完全无视人类的存在，似乎知道自己是得到保护的。所以当人们光临

面向南极

至20米。它们在海湾过冬期间，交配、产仔，经常浮出水面。

　　此行虽已靠近地球最南端的灯塔，可去不了南极，而这已是很难得的机会了。离开动物之岛，游船到达远处那个据称是世界上最南端的灯塔。我们是从海上那道彩虹中发现它的，红白相间很高大。矗立在海上那动荡不安的浪潮中的它没有显得孤单、渺小、孤立无援，而是在大海中张扬自己的个性，充满信心完成着自己的使命。

　　从灯塔处往岸边望去，只见那连绵的山峰上白雪皑皑、银光闪动，山腰里正飘荡着一条条云雾。云雾下的海港里，停泊着去过和将要去南极的巨轮和乌斯怀亚市那色彩斑斓的城市建筑群。同行的人赞叹：这哪里是风景？分明是一幅天然的画卷。

从海峡看火地岛

比格尔海峡码头中去南极的船

地球最南端的彩虹

越来越高的海浪和常常光顾比格尔海峡的强劲大风让我们的船没能靠近。船还被劲风刮得东倒西歪、形状怪异，因而形成被称作"醉汉林"的景观，只能留下遗憾。话又说回来，大自然那么丰富的画卷，我们怎么可能一次全欣赏完呢？留在心中想象，可能是又一番情景和回味呢。

比格尔海峡

海峡的傍晚

火地岛的月亮

明天就要离开乌斯怀亚。这个曾经是印第安人居住的地方，被发配到这里伐木的犯人是怎么在这"南极门户"生存的？眼下这个靠旅游发展的城市，连橱窗里的广告都是"企鹅"在下棋。对此我还有话要说。

世界最南之城的风采

在乌斯怀亚时，没有采访到真正研究那里历史的人，在网上看到的介绍也是抄来抄去的。导游延晖告诉我们一些这里的历史与今天，不过让我们真正了解乌斯怀亚的，是那里的两个博物馆。

最早生活在"南极门户"的人

印第安人生活留影

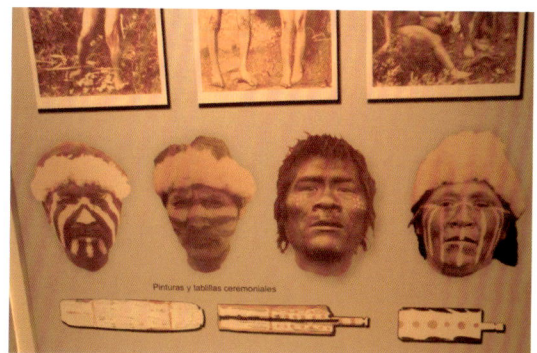

早期在乌斯怀亚生活的四种印第安人的头像

博物馆里的油画

在今天乌斯怀亚的博物馆里，有一个海盗高高地坐在展板上的模型。

原始社会情景再现

海盗塑像

这张照片告诉了我们什么？独眼、独腿，这就是海盗的生活写真。

延晖告诉我们，1890—1930年，为了与智利人抢占地盘，阿根廷的囚犯被送到了乌斯怀亚。囚犯来了，要吃，要住。据说，现在乌斯怀亚国家公园内原先全是原生森林。阿根廷政府把这里列为囚犯的流放地后，开始让他们在这里砍伐木头用于建设。如今，被大肆砍伐的森林只留下漫山遍野的木桩。

小火车

为让游人体验当年囚犯进山的感觉，今天的公园内还别出心裁地仿造了一列当年囚犯曾经坐过的蒸汽小火车。坐着这种小火车进入那个遮天蔽日的神秘世界，这种观光倒是别有一番滋味。参加了这种旅游的人说：让游人充当囚犯，这角色的临时换位让人有一种恍惚而惶惶然的感觉。因为谁不想图个吉利彩头，图个平平安安？一下子让你充当囚犯进山，这文化上的差异着实能让我们这些来自东方的客人别有一番滋味。

监狱博物馆门外

牢房

看守雕塑

向犯人塑像"训话"

我们中国的监狱也有让人参观的,像重庆的渣滓洞,进去总是给人阴森可怕的感觉。但是这里的监狱,给人的却是当年

为自己画窗户的艺术家犯人

老船

生活的再现：当年的船、岛上的动植物标本、建筑和监狱里的咖啡吧。

监狱里的咖啡吧

阿根廷政府对乌斯怀亚有过几次移民，但都不太成功。1950年国会的移民法也没能成功。为了吸引人们在火地岛扎根安家，这里至今都是免税区，而且是高工资。不过我写这篇文章时，南极旅游热已经让乌斯怀亚大变样了。

用延晖的话说，1910—1950年，世界最富的国家阿根廷的两个家族开始向火地岛供应食品、征地。至今这两个家族仍占有着火地岛上相当可观的地产。

我们的晚餐：帝王蟹

我们的晚餐：烤肉

公共汽车

用面包树上的果实制作的时钟

政府门前的抗争

阿根廷不像巴西那样是多民族，这里的人大多数是西班牙和意大利的移民，没有战争，没有太大的动乱，人们一直过着比较平静的生活。

不过，我们在乌斯怀亚的那两天倒是赶上事了。一些被拖欠工资的人在市政府门口点起了轮胎，从下午一直到深夜等着市长出来见他们。最后他们是否成功，我们因为离开了不知道，只是拍下这小岛上难得的抗争。

绘有南十字星座的州旗

在乌斯怀亚赶上的另一个算是事的事儿，就是岛上唯一的一家中餐馆，因请的一个外国伙计没有体检被人告了。当地的卫生局查封了饭馆，害得我们在那儿吃了两天的西餐。中国人说来也真没出息，到了这么偏远特别的地方，还不好好欣赏欣赏人家的饮食文化。才吃了两顿西餐，我们这一行人弄得导游延晖就不知道给我们吃什么好了。没办法，谁让我们长的都是中国胃呢！

乌斯怀亚最成功的一次移民，是2001年经济危机时。首都北部的人因这里工资高，终于有相当数量人南迁。这当然要归功于政府的政策。

橱窗里的玩偶企鹅下棋

商店前

街上的涂鸦

橱窗里

今天的乌斯怀亚是一个旅游城市。不论街上行人的面孔，还是橱窗里的摆设，都能看出这个城市的特色。依山、傍海、南极门户和印第安文化，都是吸引人们到那里去的理由。那里的人是怎么利用自己的特色做旅游的，也让我们感想颇多。

远看乌斯怀亚

明天吸引我们的是"四大"之一,此行除了大湿地、大河流、大瀑布的另一大:大冰川。

阿根廷的荒原

向往着阿根廷大冰川的我以为,写完南极的门户,就要落笔于冰川了。哪想到,在从火地岛到阿根廷冰川的飞机上,我又被窗外那一片片的荒原所吸引。那是一片什么样的荒原呀!如果走在这片荒原中,会是什么感觉?

飞机上看荒原(二)

飞机上看荒原(一)

荒原中的路

荒漠、荒原、荒漠化。那天我们从飞机上下来，车开在阿根廷南部的巴塔哥尼亚高原上时，生态学家徐凤翔、沈孝辉和我一样，都对这片荒凉之地产生了极大的兴趣。荒漠和荒漠化区别在哪儿？一个化字，能否表明是大自然遭到了干扰？

我们曾经说内蒙古的草原在沙化，成了荒漠是过度放牧造成的。后来有人从卫星云图上看，蒙古国没有多少人为的迹象，可是这些年来荒漠化的程度也很高。又有科学家站出来说，这都是由于全球气候变化的影响。

在阿根廷南部的卡拉法特小镇有人告诉我们，巴塔哥尼亚高原的年降雨量是300毫米。这和我们内蒙古的浑善达克沙地差不多。但是浑善达克，现在一眼望去，"长着"无数的疮疤。荒漠化的核心是"化"，是人为、是动态。我们中国正在荒漠化的进程之中。

荒原的小旅馆

而我们眼前的巴塔哥尼亚高原，用徐凤翔先生的话说：几乎是每一寸土地都被黄绒绒的小草覆盖着。这不应该是荒漠化之地。秋天的这里，被西边来的干热风吹黄了地衣。

那么荒漠和荒原的区别又在哪儿呢？我翻了2005年商务印书馆出版的第5版《现代汉语词典》，有着这样的注解：

荒漠，①荒凉而无边无际；②荒凉的沙漠或旷野；③由于干旱、水土流失和人类活动等原因造成的不适于耕作、植被稀

巴塔哥尼亚高原

疏的广大地区。

荒原：荒凉的原野。

在网上我查到对荒原的注解多了一句：[desolate；wilderness]荒凉的原野；未耕种或无人耕种的地带。

在《现代汉语词典》里，荒原和荒漠的前两个注释中，很难区分二者的区别。但如果用上第三个解释，那区别就有了。

徐凤翔和沈孝辉都认为，我们眼前的巴塔哥尼亚高原应该是荒原而不是荒漠。因为纬度的关系，阿根廷中部的这个高原，森林上线是400—600米。大片的荒凉之地是干荒的高原。

突然想起，前些年在内蒙古沙地里种树时，一位中学生在采访的话筒前感慨：

沙漠是一种苍凉的美。在这里待的时间越长，越觉得美向残酷转化。而我们眼前的荒原，我觉得越待的时间长，越觉得真美！

小镇雨后

"荒原的早晨是被太阳从黑中绣出来的。这是一个在荒原住久了的人才能有的感受。四周还是黑夜漫漫，而荒原却有了色彩，亮了起来。

"荒原上有最圆最美的月，荒原上有最神秘的星光，荒原上的日出后，一株株小草上，像是撒满了一粒粒发亮的葡萄，顺眼看去，还有摘不完的花，拔不完的草。"

那年在内蒙古的沙地里插种沙棘，天上突然下起了冰雹。一群城里人坐着毛驴车在正恢复的荒漠中往回奔跑，我一下子想起英国女作家艾米莉·勃朗特的《呼啸

荒原日出

山庄》中的以上句子。而同行者中，竟有人大声念起"让暴风雨来得更猛烈些吧"的诗句。果然，大自然可以让我们回到快乐多于思考的年龄。

高原上的早晨

荒原人家

这条路带我们走在荒原上

虽然是荒原,也住着人家。他们在自然中生存,也在自然中享受,令人羡慕。

不知会不会也有人要说这种生活贫穷、落后,其中滋味只有自己知道。当然,如果要是有人问我这样美的地方你能住下吗?回答一定是:不能。因为这里不是我的家。

为什么看到美的东西就一定要占有呢?这里属于世世代代生活在这里的人以及与他们和谐相处的大自然中的其他生灵,不管外人如何评说。

为什么要提及有人发问?因为我就被一些要开发怒江的人问过:怒江那么美,你为什么不去那生活?为什么非要留住怒江的自然?同理,那是人家22个少数民族兄弟姐妹的家。穷不穷,幸福不幸福,都不是我们外面的人用我们的视角能断定的。

可能说多了,但是在大自然的美景面前,要么陶醉,要么更清醒。

雪山、荒原、阿根廷湖

如果只衡量国土面积的话,阿根廷在世界上的排名并不靠前。但如果考虑气候的差异,那么世界上除了中国和美国以外

阿根廷湖晨曦

湖畔之家

湖水浩渺

就得算是阿根廷变化最多。这里既有靠近极地的巴塔哥尼亚荒原，又有北部印加人居住的热带沙漠，东部与巴西接壤的地方却又换成了典型的亚热带雨林。我们前两天到的伊瓜苏瀑布，就坐落在那片密林深处。

阿根廷南部圣克鲁斯省的阿根廷湖，位于巴塔哥尼亚山脉东麓，是冰川湖。湖

小河流入大湖

面海拔215米，深187米，最深处324米，面积1414平方公里，湖水经东岸的圣克鲁斯河注入大西洋。

阿根廷湖最著名的是有莫雷诺、乌普萨拉等冰川伸入湖中，冰舌断裂成无数冰山漂浮于湖面。附近雪峰环抱，山坡森林茂密。

4月，是阿根廷的秋天。我越靠近莫雷诺冰川，就越发现水的形态在发生变化。同行的生态学家徐凤翔创造了一个词叫"水凝"。因为我们的车沿着这片有几个布宜诺斯艾利斯大的大湖开时，几乎看不出湖中是水还是冰。如果是水，那波纹怎么看起来不动呢？还有那斑斑的白点，是浪花还是冰花？

"水凝"的湖

细看是水不是冰

为了保护当地人的就业,在阿根廷南部的火地岛和冰川旅游,车上都有一位当地人(称为高桥人)。说他们是向导,可一句话也不说,只是游客走到哪儿就跟到哪儿。这是挣钱饭碗,应该也算是人家国家保护原住民利益的一种措施吧。

这个"高桥人",就是我们车上的向导。高桥人,是印第安人与西班牙人或说是与欧洲人的混血后代。有人说,模样有点类似我们的羌胡人。

像长白山天池、新疆天池等中国的很多湖一样,阿根廷湖也有"湖怪"之说。有科学家出来说话:那头神秘生物就是蛇颈龙,这类龙一般身长会有5米至13米。由于照片中的影像漆黑而不太清晰,加上它移动时水中没有波纹,虽然至今有很多人说见过它的踪影,但是很难判断其真伪。

2007年我在长白山采访时,沈孝辉就告诉我:水怪根本不存在。有水怪这种说法如果不是对自然缺乏了解的话,那就是一些人为了吸引游客而编的故事。

明天将要走进巴塔哥尼亚高原上阿根廷湖那蓝色的冰川。那将是什么样的一片

当地"向导"

远看冰川

冰川？和1998年在我们中国的母亲河长江源看到的冰川，和1999年在美国阿拉斯加看到的冰川，有什么不同吗？

冰川与雪山

再看荒原日出

南半球蓝色的冰川

阿根廷大冰川之所以有名，是因为它的海拔和纬度都不高。发源的雪峰海拔不过两千多米，抵达终端阿根廷湖时海拔只有数百米，人们丝毫不会感到有高山反应。这里是一个旅游者可以轻松接近的冰川，也是除了南极洲和格陵兰岛之外全球最大的终年积雪带。

湖山掩映

从各个角度遥望怀抱冰川的雪山，会发现山顶上始终笼罩着气势磅礴的灰白色云块。这些云终年不散，它们不断地向高山上降雪，这就是冰川的源头。高山上的积雪几乎不会融化，又越积越多，在重力作用下开始自身压缩，雪粒间的空气被逐渐排开。经过数个阶段，最终形成质地极其紧密,以至于在阳光的折射下呈现蓝色的冰川冰。这个巨大的冰体沿着山坡的斜面开始向下滑动时,沿途侵蚀、磨碎、携带大量岩石,其不可抗拒的力量足以改变地貌。我们看到的U型谷还有山壁上明显的擦痕,都是冰川留下的遗迹。冰川的上游不断得到积雪的补充,而下游过了雪线即终年积雪区的界线,一般随纬度增高而降低。之后冰体便开始融化、崩塌、蒸发,形成一个开放的体系。这和我到过的那三处冰川,显然是不一样的。

中国四川海螺沟冰川

美国阿拉斯加冰川

中国长江源姜古迪如冰川

中国长江源的冰川是在海拔5400米的地方,我是1998年9月去的。美国阿拉斯加的冰川是在北纬近60度,1999年7月我去北极时顺便到了那里。我们四川的海螺沟海拔也是在2700米左右。不知为什么，海螺沟冰川，我1999年10月和2006年"五一"去了两次，每次都是被灰尘覆盖着。

我之所以不能准确地说出这些冰川的海拔，就是因为这些冰川融化的速度在一年比一年地加快着。

一万年前，地球处于最后一个冰河时期末期。阿根廷广大地区，包括巴塔哥尼亚高原上的卡拉法特镇都完全处于冰川覆盖之下。后来气候变暖，一方面加剧冰川融化，另一方面使降水减少，切断了冰川的冰雪补充，使这一片冰川开始退缩，直至今天还在不断地加速退缩。整个南北巴塔哥尼亚冰原地区的47条冰川中，有44条在不断退缩。

流入森林的冰川

融化中的冰川

2008年9月4日有报道称，阿根廷大冰川首现冬季崩塌。美国科学家与环保人士指出，阿根廷莫雷诺冰川的一片巨大冰堤，将首次在南半球冬季出现崩塌，元凶很可能是全球温室效应。这片冰墙是巴塔哥尼亚高原主要观光景点之一，阻碍阿根廷湖部分湖水，高约60米。每隔几年便会出现壮观的崩塌景象，不过向来只发生在夏季。

冰川国家公园表示："这是冰川首次在冬季崩落，可能与全球温室效应有关，气温节节攀升影响冰块摩擦力。"

莫雷诺冰川是世界最大冰川之一，也是世界上少数仍然成长的冰川之一。面积达275平方公里，出口宽度达5公里，位于首都布宜诺斯艾利斯东南方2800公里。

森林中的冰墙

近看冰墙

据考证，莫雷诺冰川形成于2万年前的冰河时期，冰峰于水平面以上的高度约80米。这座冰川从阿根廷湖畔的山体上滑下时，把山脚下注入该湖的两条河流拦腰切断，逐渐积成一座巨大的冰坝。随着水压的不断增大和夏季气温升高，冰坝下部就冲开一个溶洞。洞穴越冲越大，最后引发冰坝的大块崩裂塌陷。按照以往的规律，这种大规模的冰川崩塌现象，每三四年出现一次，可提前预报。因此每当冰川即将崩塌时，国内外的大批游客蜂拥而至，等待目睹这独一无二的自然奇观。冰川崩塌时，气势磅礴如排山倒海，巨大的轰鸣声可传到数公里之外，时间持续70多个小时。

1968年和1988年发生过两次事故，站在登陆冰堤底下看热闹的人被崩下的成吨冰块一共砸死30人。政府便在离冰川前锋较远处修建了观景台，人们再也不能抵近瞻仰甚至触摸雄奇的冰川。然而奇怪的是，自从1988年修建观景台以来，大规模崩塌的循环过程居然停止了。自从

蓝冰

1988年出现最后一次冰崩景象以来,至今再未发生过这种震天动地的冰崩。气象学家认为,这是由于地球气候变暖使冰冻程度趋缓,因而不能形成重压使冰川塌陷的缘故。

冰川(一)

冰川(二)

细心的读者不知是不是能发现,我拍的这些冰川的颜色不太一样,有的白些,有的蓝些。其实阿根廷大冰川和我在长江源、在海螺沟拍到的冰川最大的不同,就是这里的冰川和我在阿拉斯加拍的一样,是蓝色的。

记得1999年我在北极采访时,一位科学家告诉过我,年代越久,冰川的颜色越蓝。

2009年4月11日,我们从卡拉法特小镇去冰川时,早上还是彩霞满天,可越往莫雷诺冰川走,天越阴。到了冰川,坐在了船上,向冰川驶去时,老天爷竟下起了雨。

阴天中拍冰川真难。光圈怎么也定不好,一会儿加曝光,一会儿减曝光,所以拍出来的照片也就有的蓝、有的白了。拍照的水平看来还有待提高。

蹲在北极浮冰上的海象

在北极拍冰,最有意思的是能拍到动物。我拍这个蹲在冰蘑菇上的北极海象时,刚刚按完了快门,冰蘑菇就塌了。我保存的磁带里至今还留着那头海象掉在北冰洋里那"嗵"的一声。

虽然我们不希望莫雷诺冰川融化,但在那里时,能拍到和录到冰川融化的照片和声音,还是我们希望的(或许不应有这样的盼望)。但是我没有拍到,也没有录到,倒是时不时听到远处有崩裂的声响。1999年我在阿拉斯加采访时,可真拍到过,也录到过冰川倒塌砸在水里溅起的大浪和那如雷的响声。

冰川的形成其实也很有意思。原始形态的结晶雪花,在地面热力和自身压力作用下,重新结晶变成颗粒状的粒雪。继而,细粒雪经过合并再结晶逐渐变成中粒、粗粒雪。底层的粒雪在上层粒雪的压力下,发生缓慢沉降压实,进一步重结晶而变成粒冰。在粒雪变成粒冰的过程中,融化的水沿粒雪颗粒间的空隙下渗,将底部的粒雪冻结起来,使原先存在于颗粒间的空气被封闭而成为气泡。粒冰含气泡较多,气

有裂缝的冰川

裂开的冰川

山、冰川;冰、冰海

泡的体积也较大，看起来颜色泛白，故有"白冰"之称。粒冰继续受压的结果，排出一部分气泡，并使留在冰中的气泡压缩得很小，逐渐变成带蓝色的块冰——冰川冰。块冰在重力作用下发生移动而形成冰川。冰川的形成还必须具备一个条件，就是积雪区的高度超过雪线。

冰川和红叶

冰洞

在阿根廷湖的整个冰川群中，最著名的当属莫雷诺冰川。它的高度（30—60米）不如斯佩加西尼冰川，规模（195平方公里）不及乌普萨拉冰川。之所以出名，是因为它周期性的大规模崩塌，并且人们还可以从陆地上近距离观看崩塌盛况。

秋天的冰川

看冰川

鬼斧神工的雕刻

现在，游人可以从麦哲伦半岛的山坡向下，在四个高度不同的观景台俯瞰莫雷诺大冰川。百里冰原沿着一个略微倾斜的角度从天边的山谷之间铺陈而下，雪峰与天上的云雾相接，分不出哪里是山顶、哪里是雪和云。

说到美景，也不能不再说一下，美国和加拿大的科学家早已宣布，占世界冰储量91%的南极冰盖，1998年以来占总面积1/7的冰体已经消失。2005年底，美国地理协会报告称，南极三个最大的冰川在十年内全都有变薄的迹象，厚度至少减少了近45米。英国媒体曾报道，世界自然基金会全球气候变化项目小组的负责人摩根曾对一名随着科学家去南极大陆考察归来的记者半开玩笑地说："不要以为《圣经》上记载的大洪水的故事不会再重演，当下一次大洪水随着冰川融化到来的时候，我们或许还来不及登上诺亚方舟。"

在靠近南极圈的秘鲁高寒山区，近年来冰川正以每年十几米，有时甚至几十米的速度消融。而在20世纪90年代以前，消融速度每年只有3米。

除此之外，据近期报道，非洲肯尼亚冰川消失了92%；西班牙在1980年时有27条冰川，现在减少到13条；欧洲的阿尔卑斯山脉在过去一个世纪中，已经有一半以上的冰川消失了。2003年入夏以来，席卷欧洲各国的热浪使当地的气温接近或超过了历史最高纪录。在瑞士，3900米高的费尔佩克斯雪山山顶的气温达到了5摄氏度，冰川厚度下降到了近150年来的最低点。

一些科学家预计，到2050年，全球大约四分之一以上冰川将消失。这个数字到2100年可能达到50%。那时，可能只有在北美的阿拉斯加、南美的安第斯山和巴塔哥尼亚高原、亚洲的喜马拉雅山腹地和南极中心山地，还会有一些较大的冰川分布区。

美国学者对落基山脉的冰川进行长时间的综合研究后认为，冰川退缩除了自然气候因素外，人口膨胀、超载放牧、过度开垦、乱砍滥伐、滥采地下水等原因不可忽视。美国西部人口在过去的100年间几乎翻了一倍多。过多的人口又带来过多的负担，淘金、挖矿、砍树、盖楼，使得当地的自然生态发生"病理改变"，但是耕地仅增加了不到20%。破坏的植被会带来气候恶化，反过来这又加剧了冰川的萎缩。

"那些游客盼望再次一睹冰川断裂芳容的话，以后的机会可能越来越多。只要他们继续糟蹋环境就行了，不过可能他们的子孙们就没有这种'好运气'了——因为地球经不起这种折腾了。"这是世界自然基金会全球气候变化项目负责人摩根的告诫。

虚实之间

红与蓝

真不想用这句话结尾，但这就是我们人类面对的现实。在现实面前，我还想说那句话：我们能做什么？

丰富多彩的庄园旅游

我们这次南美行，大部分是在大自然中行走。大森林、大湿地、大江大河、大瀑布、大冰川、大荒漠。无论是在巴西还是在阿根廷，这些地方也都是当地旅游的热点。这些地方不仅自然风光独特，旅游做得也是丰富多彩。前些天我们说过了亚马孙的生态游和旅游商品。4月13日，在

庄园的环境

阿根廷首都布宜诺斯艾利斯郊区,我们参加了一次农庄游,给我们留下了很好的印象。

那天一进农庄,我们先是被这些大树所吸引,很快就被引领进一间房子里,农庄的姑娘向来这里的每一个人递上一杯咖啡和用传统工艺制作的点心。吃起来有点

绿荫

像是炸的小饺子,不过是甜的。接下来我们有几种选择:骑马、坐马车,看院子里的农具和饲养的小动物。

进门的小吃摊

坐车

选马

驾驶

我们中只有一人选择了骑马，大多数人选择了坐马车。但是20分钟都不到的行程，让我们没有尽兴。不过，这也算是一个旅游项目，而且来的人老的小的都有。这样的活动只是为了满足人们的好奇，而不是刺激。

别说骑马，对城里人来说，看看农具也是很新鲜的，包括已经很老的车。

阿根廷地广人稀，农业、牧业非常发达。全国各地有成千上万个农庄牧场，星罗棋布般散落在碧绿的潘帕斯大草原上。

据阿根廷政府的统计，全国目前已有800多家庄园开办了旅游事业。我看过一

农具

休憩

个资料，在阿根廷开办旅游的庄园大多已有上百年的历史。它们之中有普通农家牧人的宅院，也有历史上的豪富、将军甚至总统的私宅别墅。它们的旧主人来自各个角落，因此庄园的建筑风格也各异。

树下

19世纪50年代，阿根廷总统乌尔基萨的庄园占地数十公顷，几乎全部建筑材料都是从法国运来，不仅规模宏大，而且建造精美，可与欧洲王室的王宫媲美。

普通农牧业生产者的小庄园展示的则是过去农村的风貌。这些庄园虽然经历了漫长的历史变迁，但仍基本保留着原有的历史特色，成为国家重要的历史文化遗产。有的庄园里不仅保留着原有的古色古香的陈设，就连生产设施、仓房、牛栏、酒吧，也依旧是当年的风貌。

农舍

废车皮改成的商店

开始我们没有发现，以为这里就是一个普通的小商店，可走到跟前才发现，这个小商店原来是一个旧火车车厢。

在这个农庄里，一切都是原来农庄的模样，没有为旅游而盖豪华的大门、奢侈的建筑和假山假水。树，就是农庄里保留着的百年老树。

老树

商店外的休闲区

画画

过去庄园的生活是恬静的。今天，人们在这里也是以悠闲为主，聊天、晒太阳、画画。这和一个星期的城市生活显然不一样。在繁忙的都市生活之后，这里的另一种生活，对人来说，不仅是吸引，更是身心的需要。

这些庄园大多面向外国游客，因此服务项目也是多样化的。这里的服务一般有农牧业表演，在不同的季节，现场展示养牛羊、挤奶、制作奶酪、耕种或收割等，还可观看探戈和民间舞蹈表演。

能坐几百人的大仓房，现在是午餐和表演的场所。餐厅的全部陈设都是旧时农场用的本色纯木桌椅，餐厅进口处有一个老式小酒吧。

在乡村探戈的表演中，不管游客是来自哪个国家，主持人早都摸清楚了，这个国家的歌一定会被台上的人唱出来，接下来跟着就会是一片齐声高歌。那天中国的歌唱的是《月亮代表我的心》。我们同行的一位通常不太爱讲话的朋友，激动地跑上舞台拿着一块丝巾跳了一段中国的秧歌。

仓房里的表演

乡村探戈

挑块肉

在这仓房里,更让游人享受的是各种烤肉。我虽然不吃肉,但端到我们面前的烤牛肉扑鼻的香味,还是让很多人大饱口福。

在临近安第斯山区的地方,一些庄园还开展了登山探险等活动,不仅提供马匹用具,而且还租借服装靴鞋、船只车辆等。同时,还有专人负责对游人的培训、导游和安全保障。大海及河湖附近的庄园则把水上活动作为主要旅游项目。

我们去的这个农庄建于19世纪末,它当时的主人是一位苏格兰农民移民。现在有土地1200公顷,主要种粮食。十年前,现在的农庄主人把其中一部分开放用作旅游庄园。

农庄的主人房是一栋英格兰农舍风格的平房,建筑面积约200平方米,非常朴素。现在这座房子已被改作历史博物馆,陈列着当年主人使用过的家具、器物、农具和收藏的艺术品及工艺品。

院子里有高大的树林,马厩里养着四五十匹马。除了专供游人骑玩,游人还可以看马术表演。著名的穿环表演是骑手骑马飞奔,在通过一座大门时,用一支小木箭穿过门框上挂着的戒指。

女骑手

穿环表演

庆功

这些骑手几乎全是多面的。他们既是骑手，又是餐厅服务员，同时也是导游和舞蹈家，而且个个身手不凡。男女骑手身着传统牛仔服，一会儿是牛仔，一会儿是绅士淑媛。

我们国家现在的旅游也成了很多地方的支柱产业。在我们发展旅游业的时候，学人家这种既原汁原味，又别具风格的农庄游，在我们中国广大的农村应该是大有潜力的。到农村去吃、去玩，我们已经做了。但如何不奢华、不铺张、可持续、不变味、不做假地传承民族文化，我们还需要思考，需要找找问题出在了哪儿。学习人家，让我们中国的庄户游也办得有声有色，吸引更多的人、赚更多的钱。这难不难？我认为这要看我们是不是真想学人家以及学什么。

头伸过去你也成了农庄里的姑娘

母女

我要飞

亚马孙之旅 —— 人民网绿家园访谈

回国后，人民网的绿家园访谈，我请了徐凤翔——这位在青藏高原上建了第一座小木屋，在北京灵山建了第二座小木屋的生态学家。在亚马孙，在巴西的大沼泽、大森林，在阿根廷的大冰川、大荒漠里，她说，我要学习。为什么？我们一起听听。

汪永晨（以下简称汪）：我是中央人民广播电台记者、绿家园志愿者召集人汪永晨，今天我们请来的是生态专家徐凤翔。徐先生跟大家自我介绍一下。

徐凤翔（以下简称徐）：我是徐凤翔。

汪：我想大家可能知道徐凤翔最早是从黄宗英写的报告文学《青藏高原上的小木屋》。那时候我知道您是一个南京人，到了西藏，到了林芝去研究当地的生态环境。在那儿一干就是十八年。后来大家比较熟悉的是徐先生退休后又从西藏到了北京的灵山，在北京的灵山又创建了第二个小木屋。是因为您当时觉得灵山的海拔分布有一些像西藏，有些植物可以引到这里试种，据说很成功。特别是这些年来您做了很多环境教育。我们一起刚刚从亚马孙回来，在亚马孙，我们天天请徐先生给我们讲这是什么植物，那是什么动物。刚才我们走到人民网院子里的时候看到一些树和花，好像比没听徐先生讲以前多认识了一些植物的细部。原来看到的就是一棵树，现在可以发现针是几枝，花是几瓣。和生物学家在一起向大自然学习的可真不少。

沈孝辉（躺拍者）有了新发现

城市里的大树

徐凤翔先生有很多自己的观点。她让我们打破了一些传统的说法。比如大家通常说的这个地方是原始森林，徐先生说不应该叫原始森林，应该叫原生森林。为什么您这么较真？给人民网的网友们讲讲吧。

徐：这是偶然，又是机遇。我们几个人到亚马孙去了一趟。亚马孙这个地方的景观、植被、生态环境，说实在话，对搞我们这个专业的人，搞生态的、搞绿化的人来说，是一个很向往的地方。对我来讲，是一个淡淡的向往。为什么呢？本以为此生不太可能去，我今年已经快80岁了。退休了若干年，去冬今春第二座小木屋才让贤，好像不太有可能再有以考察为主的外出。

这次很有意思，有幸和你们几位生态环保方面热心的、从事公益事业的人士，又是有阅历、有思想的人一起走进自然，我太高兴了。大自然这个课堂，我既看又学，还提供给了我一个三尺讲台和一批高水平的受众。一边看、一边学，那么认真地一起探讨、问问题，就觉得把我能够想到的、深层次的一些思想观点和尝试性的东西和你们一起做进行探讨。

跟徐老师看花

你刚才问到的问题,就是在大西洋森林,一个半自然状态的植物园里,他们把植物园,次生状态的人工形成的生态,通过时间的推移,让它尽量地自然化。所以,叫半原生状态。

我们的提法大概有几种:一种是约定俗成的,一种是文字上已经有的,还有就是从学术界来讲基本知识的内容。很多是准确的,也有一些不太准确。

如果从学术的角度较真,我觉得对学术的进展是有好处的。我这个人的思维是反复思考、推敲的。几十年,既学,又教,教的过程中又反复推敲。但是有些观点在课堂上讲,是不是能得到扩展?不知道。有一些几十年了都不能有所改变。我想同行里面很多人实际上会有同感,但是书本、各方面已经既成事实了。

原始林往往给人一个很高大、很自然、很古老、很壮美的森林景观的印象。但是仔细想想,何为原始呢?从什么时候开始呢?所谓的原始,是从以前讲的人文教育的原始社会、原始部落下来的。

森林是生生死死、世代更替的过程,所以不是原始状态至今,而是沿自然生长过程中世代更替至今的现状。原生林说明它的过程、现状,说明它今后的发展都是一个变化的,在基础条件下有变化、有进展的。

另外,讲原生林,就有别于次生林,次生林就是自然状态下火烧等影响了以后重新长起来的。人为破坏以后长起来的,自然长起来的叫天然次生林。原生林与次生林相对应,天然林与人工林相对应。这是比较准确的。这个不影响大家约定俗成的使用。

但是从我来讲,从专业的角度来讲,有些事仔细推敲一下,让某一些知识的科学性、准确性、现实性能够更明确一些,清晰一点。

南美洲的植物

汪：您过去在西藏林芝工作，您觉得林芝那个地方还有原生林吗？

徐：有。但是，现在范围越来越小，我是30年前去的。以前看到东风大卡车运8吨、12吨，只有几根圆木，就是直径很粗的圆木。看到时心情很激动、很壮观。当然隐隐约约感到，砍了可惜。

这就是原生林不断地削减过程出现的现象。但是毕竟那里地广人稀，所以一些角落、边缘的地方，没有人为破坏的，甚至老乡去砍一些回来盖房子，原生林也还有。

亚马孙雨林

树上的窝

汪：我们去亚马孙河那天坐着船走到的水上森林，您觉得那一定是原生林？

徐：主干道已经不是了，后来我们进入的支道里面，那儿挺有意思的。热带雨林有三大特点。

第一，层次很多，看不出明显的层次。

第二，生物多样性，植物有几千种，真是不得了。

第三，一些适应性和雨林地区的反应都不同。适应性体现在根上面，我们看到

水中的植物（一）

水中的植物（二）

的一个特殊情况，就是气生根，像榕树是最典型的。

汪：气生根就是根不是扎在土壤里面，而是露在外面。

徐：气生根是在主干上或者枝条上分支下来以后降落到地面的过程，把其他树种包围起来了。包围了以后，其他树种被绞杀死了。地面看到的直径是1.5—1.8米的样子，绞杀的高度到12米以上，里面有一些真空的。

那天我们看到了以后，大家都认识了。一船的人大呼："绞杀！""后退！后退！"——因为要拍照片，大家都喊"后退"。

那时我的心情，一个是对自然现象的，觉得那个状态太神奇、太壮美了，亲眼所见。另外我很高兴，我这个三尺讲台可以在船上、在野外。我的受众是那么高档的学生，大家可以共同理解。

所以何为生态旅游啊？在旅游过程中的学习就是最好的生态旅游。

咱们去的热带雨林，进去的水道比较

水中的植物（三）

雨林中的小鸟

窄，砍伐情况不多，所以那保留的大树胸径是1米以上，而且这是不准确的，因为它是浮动的。水面高度现在上升了以后，它的胸径是地面以上1.3米的地方，水面以下据说五六米，甚至更深。这引起我对湿地特殊类型的自我修正。

飞翔在亚马孙

汪：湿地包括一些人工的湿地，稻田、水库这些都算湿地，还有一条就是6米以下水深的湖泊也叫湿地。

我们没有到亚马孙森林在大沼泽的时候，徐先生说她对这个有看法，湿地6米已经这么多水了，不应该再叫地了，没有土了。可看到亚马孙森林以后，知道了这个森林的浮动会有很大的变化，旱季和雨季水的高度是有很大区别的。所以刚才徐先生说，修正了她自己以往对湿地的认识。

徐：大家经常讲，徐老师对一些问题有自己的看法，想得比较深。我笑话自己有一些奇谈怪论。真的，对当时我是有看法的。何为湿地？湿地一定是在土的机制的情况下，水分含量较高的或者相当高的范围。所以典型的湿地是沼泽，当然人工的比如水稻田。

巢中恩爱

湿地毕竟区别于水域、水系，所谓湿地，一定是水土。而最近我又想到另一个问题，湿地一定是水土，有生物相结合的范畴。所以，水面浮动状态可以在比较深的情况下，也是要有生物的根连接水和土，这样的状态称之为湿地，才是准确的定义。

我看到亚马孙这个地方，修正了我以前认为湿地也就包括在浮生植物水系的两岸界面上，不能扩展到那么深。实际上亚马孙河，包括其他的热带雨林地带的水域，水的深度可以比较深。但是要有根系，要能扎进土，这正好说明了热带雨林的生命力。这里适应性类型的反映，就是气生根、呼吸根、板状根的表现。

在水中呼吸

汪：我们看见的那棵大树的板状根比这个桌子还要大，太壮观了。其实我们西双版纳也有这种大榕树的板根。可这里它是在水里，因为它是水上森林。我们这次在巴西还去了一个大湿地，我看到了各种各样的鸟，特别是蓝鹦鹉，都是成双成对的，从我们的头上飞过去。还有满满的一树蓝鹦鹉，真的是漂亮极了。金刚鹦鹉更多了，各种颜色的。还有大嘴鸟，嘴恨不得比它的身子还要大。

我们坐着小船走的时候，有很多水葫芦、含羞草。我小的时候家里养过含羞草，在亚马孙看到的是水上含羞草，长在一片水葫芦里面。水葫芦有大花的、小花的，掺杂在里面一些含羞草，后来我起了一个名字叫"水上含羞草"。

我和徐先生探讨这个问题。现在中国江河里面的水葫芦泛滥，大家管这个叫外来物种入侵，这也是中国很大的环境问题。

徐先生对我说的外来物种入侵提出了挑战和抗议。她说"入侵"这个词是社会学上的语言，我们生物学界应该是协调。连平衡都不应该用，应该是协调发展。所以她对我们"入侵"这个词认为是政治化的词，不应该用在生物界。另外她说水葫芦在这里长得很好，为什么说它是一个灾难？

徐先生说，水葫芦到处长，说明水有问题。不说那水污染的程度，却来指责水葫芦，这是不对的。

在亚马孙我们找到了一个例子。河边

上有一个生态旅馆，我和徐先生走到旅馆后面看那些树，结果发现凡是有大树的树荫的水面就没有水葫芦了。空旷的地方，水葫芦就茂盛地生长，徐先生认为这是大自然的现象。水葫芦泛滥，一是水有问题。另外，水边的树砍掉了，没有了，水葫芦成了一种畸形发展。

徐：国内对水葫芦的认识是有几个阶段的。开始，引种过来很多池塘水域希望它发展。一是养猪；二是装扮一下水面，绿绿的，而且能够防污染。我们做学生、做年轻教师的时候，还专门到南京的玄武湖去打水葫芦做饲料。后来提出是外来入侵物种，是不好的。要想办法用人工的办法去除它，怕它对水面造成水下无氧呼吸状态，鱼和其他生物就不能生存了。

这个状态是有，但这个状态是怎么造成的？是物种本身吗？是物种用入侵的方式来的吗？

实际上，物种有它一定的适应性，扩展的物种是生命力旺盛的、适应性强的。它在自然条件、综合情况差的情况下能生存。当地的乡土树种受到破坏，或者天然林被砍伐以后裸露了，它来了，这怎么能说物种本身的问题呢？是我们自身的环境差了、恶化了，水体污染了。河岸两边过去是垂柳依依，水面上有树荫，一般水葫芦是不可能满满覆盖的。两岸树木复苏的情况下，水面上没有水葫芦。只有水面上裸露的地方，不但有水葫芦，还有其他的浮莲性质的物种。这就是适者生存。

生态学家侃侃而谈

亚马孙雨林一角

汪：用徐先生的思路想，不说原始，注意原生，我们会更注意它的繁衍生息；而不只是说这是一个遗产，我们要把它保护起来。这种保护是一种动态的保护，而不是一种静态的保护。

金刚鹦鹉与栖息地

我问徐先生，您为什么说生态不能平衡，要协调？这有什么区别？

徐：1979年我刚到西藏一年，出来参加国家科委、科协召开的大会。会议的大主题就是关于讨论生态平衡。

我不会公开地提出异议，但是我有想法，所以从1979年到1981年，在一次小规模的讨论会上我就提出这个问题。我觉得生态关系不是一个平衡能说明问题的，也不是人类社会企求达到的状态，而应该是一个协调的、发展的状态。讲生态协调，和现在讲和谐就很吻合。

冒头的是亚马孙豚

生态关系非常复杂，生态关系牵涉到天、地、生物。为什么不简单地叫天、地、人？因为生物包括的范围，有植物、动物、微生物，包括人，人是生物里面的一种，而且是生物里面动物的一种。以前人夸大了自己的地位和作用，往往没有看到我们在生态范畴里面的位置在哪儿。

所以生态关系是天、地、生物三个方面多因素的相互关系。请问相互关系的变化过程里面，谁和谁平衡？何谓平衡？所以，生态平衡既不可能，也不期望。平衡大体上应该是一个量上对应双方的均等，就好像天平一样，天平才是真正的平衡。

说老实话，这是一个常识。

生态那么错综复杂，那么富于变化的、网络的、流动的关系体系，不是生态平衡能够说明问题的，而是随着时空变化的协调和发展。

这次出去正好全天候地和大家在一起看啊、学啊、讨论啊，很感谢你们几位朋友比较能够接受和理解我这样一个观点。

汪：我也特别有兴趣。我们看到了"四大"：大沼泽、大江河、大瀑布、大冰川。后来您又加了一个大荒原。这些大里面，和您一直研究的青藏高原（青藏高原也是人类干扰比较少的，我们这次去的这几大也是人类干扰比较少的地方）有什么不同或者有什么相似的东西？

徐：这个阶段的学习，又推开了我心灵里面的一扇窗户。我在西藏前前后后三十年，西藏丰富多样的生态类型，我就概括为四个字：冰、水、草、林。这四大生态系统里面又有各种类型。这次去亚马孙，我觉得冥冥之中，造化给我徐凤翔恩惠，让我在大自然中有这么一种联系，那么紧密，也是大冰川、大瀑布、大森林、大沼泽。共同的就是这几大类型。

区别的就在于机制有明显的不同。我以前研究的是在高原地区的冰、水、草、林四大系统，这次是在以水为主的机制情况下的四个生态类型。比如林，它是在热带雨林，是水，又是热，也就是说海拔低、温度高、湿度大的水，和我们山地、温带、寒温带为主的密林是完全不同的特色。这个特色是因水而产生的生命力、适应性的各种千变万化的类型。

说老实话，对于冰川，我也有不同看法。这里是不是冰川呢？是冰块、冰山吗？和高原的冰川不太一样。高原的冰川主要是高山高差造成的下流性的相对速度比较快的冰川，冰川的冰舌一般是越来越狭小的过程。当然冰舌也有对接过程，对接的绝没有我们这次看到的多少公里宽、多少公里高。安第斯山虽然也是下来的冰川，但毕竟海拔高度不是太大，大概1000米的样子，和我们高海拔地带，8000米的、7000米的、6000米的冰川下来梯度不一样。

汪：而且青藏高原的冰川没有树，这儿周边全是树。我们贡嘎山脚下的海螺沟，原来2300米，现在退化到了2700米了，也有森林。

徐：这次我们碰到的是宽厚的冰墙，旁边有森林，也是很宽厚的森林线。以后再到西藏就会注意这个问题了，就会对比了。

汪：记得在亚马孙我晚上写文章的时候，我们俩一起谈起了"大"，您说树冠大，树根也就那么一两尺高，不到一米，但是树冠有我们几个小别墅大。

徐：树冠可以大到20多米、30米。

汪：而且树叶子也大。比一个1.7米高的人还要高很多。还有一个就是花大。我们看到像王莲这种大的花。

徐：还有果实大。

汪：它这个大是因为热带雨林的气候吗？这个大是怎么形成的？为什么那么奇特的大？

徐：水热条件，全年生长期，没有很明显的干季的情况。在这样的情况下，生长组织扩张、发展是不受很多限制的，正是生命力的展现和充分发挥。

汪：当时您说，一个是大，还有一个是精巧。我记得当时掰开一棵水上含羞草，里面是海绵体的绒绒的一层白芯。都说人会造工具、有各种技能，而大自然鬼斧神工创造出的精巧让人真的惊叹。

徐：这种精巧概括起来就是自然的力量，是一种长期的适应。为什么？比如含羞草是浮水性植物，根系在水上漂浮着。我仔细看了，它的茎是中空，便于有空气，有了空气能够浮动，有了空气能够呼吸。外围一层是绿色的纤维制的，实际上也是空隙很大的。再外围一层是白色的绒毛，浮力大。纵切面、横切面分析，都有它的规律。这个规律就是适应当地的生态环境需要的功能。

汪：还有蚂蚁窝，我们居然看到比人还高的蚂蚁窝。后来我们看到食蚁兽，先是看到了它的照片，有多少蚂蚁够它吃。后来看到比人还高的蚂蚁窝，我们感受了什么是蚂蚁之多和蚂蚁的力量。再后来我们在大荒地上看到蚁窝林，真是太奇怪了。

更有意思的是，我们在南极的门户——乌斯怀亚看到了河狸筑坝的地方。河狸啃树，它把树整个环状剥皮。为了自己休养生息，在里面建造一个小窝，然后造成了很多枯树。我觉得这也是一种自然现象。现在有的时候人为地围上了铁丝网，我觉得应该让这些河狸自我发展，因为这么多年了它都是这样生存的。人为地去制止河狸的筑坝，我们还需要看科学家们最后得出什么样的研究成果。

和专家们走进自然，真的可以学到很多知识。乌斯怀亚在南纬54°，它的苔藓发育得非常好。徐先生告诉我们什么是地衣、什么是苔藓。地衣是有丝状的、叶状的，很丰富。

您说生态不能说建设，生态可以说恢复。为什么呢？

徐：生态建设是一些文件或者报告上出现的，往往把一些工程性的东西连起来叫生态建设。仔细来讲，生态这么一个大范畴的、错综复杂的关系，是人类能够建设的吗？所以，种草种树是建设，做水坝是建设。但是生态全局性地讲建设，我觉得是不合适的。生态状况可以修复，可以

巨嘴鸟钥匙链等旅游产品

保护，也应该保护，而且逐步地人工加以小范围地改善、修整，这是可以做到的。

奇谈怪论，供大家参考。

汪：对于一个科学家来说，在他的研究中提出自己的观点，影响我们的公共决策，提高公众对自然的认识，应该是他的责任，也是我们社会非常需要的。我们一次亚马孙之行，可能看到了、听到了很多，对于我们的科学家来说，还要做深入的研究。比如我命名的"水上含羞草"，专家说她不敢说，还要回来研究。

有专家和记者这样共同努力，我们真的很希望，像我们看到的国外的生态现状和他们人和自然的关系，能让更多的国人去了解。我觉得在这种了解的过程中，也是对我们自己今后行为的一种影响。

我这次非常感慨的还有这些地方的旅游产品。比如我们这次买了很多大嘴鸟的钥匙链、金刚鹦鹉的冰箱贴。一路走，一路觉得这些旅游产品太有意思了，别的地方是没有的。

我很希望我们中国的一些很有特色的东西，像青藏高原，除了宗教上的旅游产品现在很受旅游者的喜欢。它的冰川、植物、动物如果也做成冰箱贴、钥匙链，就是在某种程度上把亚马孙、把青藏高原带回了我们的家。这也符合我们中国的庭院文化，小院子里汇集着很多大自然的山山水水、花草树木。

这和国外的生态、文化有很多不同。所以我想，今后我们发展旅游的时候，旅游产品应该也是我们的决策部门、企业家们要关注的，要和自然联系在一起。

谢谢网友。今天我们谈到这儿，也谢谢徐凤翔先生。

徐：谢谢大家。

秘鲁·秘境——地画还是"天书"

纳斯卡文明

《华夏地理》刊登的一篇文章《探访秘鲁：纳斯卡文明》认为，纳斯卡文明源于水，止于水。近年来一直深深地关切着水的我记住了这篇文章，并希望有一天也能去纳斯卡，亲眼见到创造了文明的水。

2011年1月，我真的到了那里。对于世界来说，秘鲁的大地画一直是个谜。

秘鲁南部海岸沙漠中，雕刻在土地上的图画四处铺展，包括蜘蛛、猴子、一种奇怪的飞禽等图形。从20世纪20年代首次被发现后，这些巨画就一直令旅客惊愕不已。古纳斯卡人从2000多年前便开始创作这些图画，如今科学家认为他们已掌握古人的意图。

探访秘鲁：纳斯卡文明

去纳斯卡的路上

干旱地区的人家

群峰与"色块"

秘鲁中部的沿海地带是地球上最干旱的地域之一。纳斯卡文明崛起于群峰环绕的小盆地中，十条径流从东边的安第斯山脉流下，其中大多数地方起码在一年中某些时节是干涸的。十条绿色缎带被上千个黄褐色块包围，一方沃土为早期文明的崛起营造出上佳环境，恰如尼罗河三角洲及美索不达米亚地区的河流一般。"这里是完美的人类居住地，因为这里有水。"秘鲁、德国合作的纳斯卡—帕尔帕项目成员，地理学家伯恩哈德·艾特尔说，"但同时这里也是片高危地带。风险非常大。"

在纳斯卡古城附近，一株干枯的角豆树兀自矗立，陪同我们的当地向导布瑞德除了告诉我们这些大树让人联想到曾经为人们遮阴纳凉的树林，还告诉我们如今有些科学家认为，纳斯卡人变林地为耕地，导致土地更加干旱。

我们是从秘鲁首都利马一路乘长途车用了7个小时到的纳斯卡。长途车上还管一顿简单的饭。一路上看到的差不多都是

纳斯卡的植物

岁月的残留

照片中的风景。在秘鲁，长途车也是实名制的。

纳斯卡很热，进入市区前的几条河都是干的。陪同我们的布瑞德说：别急，明天我会带你们去看这里的人是怎么用水的。

水的问题已经越来越成了我们很是头痛的一件事。在秘鲁这样的国家，在纳斯卡这样有着古代印加文明的小城市，是怎么解决的呢？

弯弯的小路

散落的人骨

出土的古物

2011年1月18日，布瑞德带着我们上了一座建造在一个斜坡上、有石阶的寺庙。庙前及最高处，都有长方形土砖砌成的墙。寺庙地基周围有用土砌的房间，还有一些广场。

在纳斯卡文明早期（公元100—800年），教士占有一席之地，但是那里的宗教活动却鲜为人知。不过，后人能从那里的陶器以及纺织品上的动物图案推断出几种当时被视为神圣的动物，如猫科动物。

另外，那里还埋着不同时期的一些墓穴。从有些墓穴中，人们还挖掘出一些当时的纳斯卡人所使用过的陶器和吃过的食物。遍地的骨头和碎瓦，让我想到今天这里的人们对文明的尊重。我问布瑞德,没有人把这些古物捡回家吗?他说:没有。

大地上的画线

秘鲁的古水井

地上的这几条画线是什么时间画的、谁画的、意思是什么,布瑞德说至今也还都是谜。左边的山是人们要去朝圣的。这几条画线两旁的地上为什么那么平整?在它的两边都有碎石,而画线内却平坦无石。布瑞德的解释是大气蒸发形成的隔离层让这里成了这样。听起来挺玄的。

让我更感兴趣的自然还是水。在和中国有着万里之遥的秘鲁,我们竟然看到了差不多就是中国新疆的坎儿井一样的井。只是在这里,井的上面是螺旋形的。布瑞德说是为了能有更多的人站在那里祈祷。古人对水表现出的敬畏与感恩由此可见一斑。

使用这种保护水的方式,看来在干旱地区的老百姓是有相同智慧的。减少蒸发与保持清洁,是古人很在意并有办法面对的。这种井在秘鲁纳斯卡地区目前还在使用,而在我们新疆则被所谓的现代文明取代得差不多了或仅供参观了。

据德国海德堡大学的专家称,纳斯卡地区的小气候在过去5000年中经历了激烈的动荡。南美洲中部的玻利维亚高压向北移动时,就会给安第斯山脉西坡带来更多降水;而当它转而向南移动,降雨就会减少,纳斯卡山谷中的河流便会干涸。

现代民族学的观点认为,对于一个原始民族来说,对生存最重要的,往往就是他们所要祭祀和祈求的。对于纳斯卡地区的人们来说，什么又是他们最为缺乏的呢？水！

现代纳斯卡人生活和农耕用水的可靠来源，是雄伟的安第斯山脉。在纳斯卡地区，干旱年年有规律地出现。河流只在短短的两个季节流过这些山区。在古代的某个时期，纳斯卡人修建了一个庞大的灌溉系统，150公里的沟渠纵横交错，遍布这个地区。这些沟渠大部分都深埋于地下，有入口也有出口，而这些沟渠所在的范围恰好就是纳斯卡线条的区域！

看纳斯卡的大地画，是要乘小飞机的。有人曾在地面找寻，而不在一定高度时，这些奇特的线条是看不见的。

俯拍地画

小飞机上

看着飞机下的纳斯卡，我想的还是水跟纳斯卡线条有着怎样的联系。在网上我看到过美国麻省理工学院研究员戴维·约翰逊多年来一直在研究纳斯卡地区古代灌溉系统。他发现远古时期的火山活动导致地下岩石断层，成为古纳斯卡人引水的天

老井今用

从飞机上看纳斯卡

纳斯卡大地画中的猴子

然渠道。

1997年的一天,戴维正在山上探察一个岩石断层。他走过一座小山脊,在他面前的就是那个宏伟的纳斯卡体系和线条群落,它们正好指向戴维要去的那个断层。这时,他突然意识到他的下面有一个水源。戴维后来回忆道:"我当时一下子就坐了下去,抬起头说,'我的上帝,我想我知道它是什么意思了!'"

戴维认为这些巨大的图形,还有它们之间数公里长的线条,是纳斯卡人用来记录地下水源地位置的标记。正像今天,我们城市中供水系统图纸一样,这些神秘的线条正是古纳斯卡人所绘制的自己的供水系统图。而在它下面,就是古人用来饮用和灌溉、对于纳斯卡人最为宝贵的水利体系!

纳斯卡的大地

大地画中猴子的四肢

大地画中猴子的尾巴

我在网上看到的介绍还有这样的分析：根据戴维和其他科学家的发现，有人推想，古代纳斯卡地区的社会是由许多不同家族组成的。关于这一点，纳斯卡地区出土的陶器和织物上的图案可以提供足够的证据——研究者还发现，那些陶器和织物上的动植物图案，恰巧就是不同家族所崇拜的图腾，也就是他们各自的族徽。而此刻，安第斯山上珍贵无比的水正缓缓地顺着纳斯卡地区下面的天然断层流淌，家族之间为了争夺水源，曾经发生了很多惨烈的战争。

最终，大家意识到，靠战争来解决水源的办法是徒劳而又白费鲜血的。于是家族之间重归于好，人们开始坐下来，商量如何有秩序地利用这些公共水源。一个合理的方案最后被他们所接受，大家都退回了文蒂拉的居住地，纳斯卡地区的水渠被分割为不同的家族所有。为了区分各自的水源地，每个家族根据水流的方向和范围，在地面上绘出自己家族所独有的族徽来，于是，陶器上的蜘蛛、猴子、巨鸟等，从此出现在纳斯卡高原上。

大地画中的经典之作

尽管戴维的纳斯卡线条与水有关的理论被越来越多的学者所接受，但是，人们依旧不能回答纳斯卡线条是如何制造的这个问题。正像德国女科学家赖歇在临终前所说，"我们将无法知道所有的答案"。

我们乘小飞机在秘鲁南部纳斯卡镇以北的荒漠高原上空急转盘旋时,能非常清楚地看出地面上一系列描绘精美的图形。刻画在沙漠和山峦上的线条,虽然长时间暴露在阳光下,独特轮廓的造型依然清晰可辨。每到一些经典之作处,飞行员仍如初次发现般地以惊喜之语向乘客通报,引领我们拍下了一张又一张值得去探究、珍藏的画面。

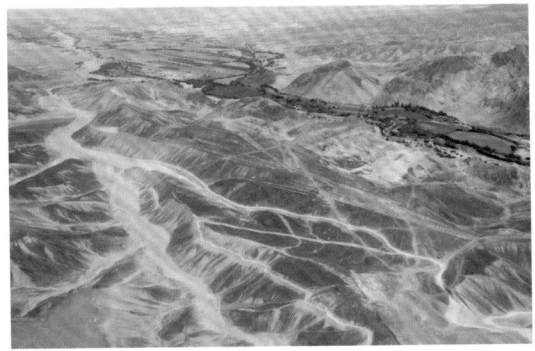

既简单也复杂

飞机上拍到的大地画

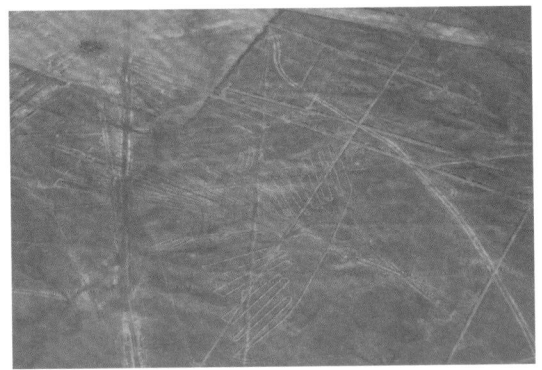

大地画中的鹰

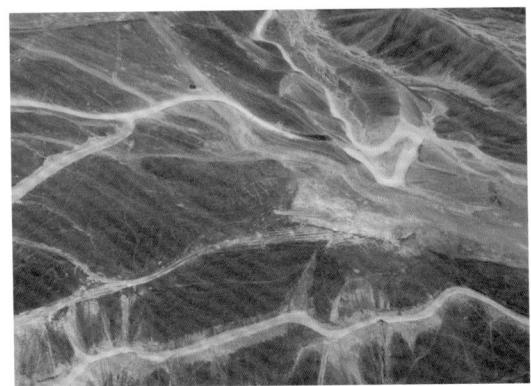

千古之谜的线条

如今说到这些神秘的大地画,人们都会从20世纪20年代末利马与秘鲁南部城市阿雷基帕之间首开商业航空线路说起。因为从那以后,这种被称作纳斯卡线图的神秘沙漠图画逐渐广为人知。自此以后,这些图形也一直让考古学家、人类学家以及所有对美洲古文明着迷的人们百思不得其解。

从那时开始，一波又一波的科学家和考古爱好者对这些线条进行了多种解读。有人曾把它们解释为印加古道、灌溉工程、乘坐原始热气球欣赏的图形。还有一种最有喜剧效果的说法，说是外星飞行器的着陆跑道。

二战后，德国女科学家马里亚·赖歇首次对纳斯卡以及邻镇帕尔帕外围的线条及图案（叫做"地画"）进行正式勘察。直到她1998年去世，赖歇在长达半个世纪的时间里对保护地画起到了至关重要的作用。然而，她所倾向的线图代表天文图

令人猜测的大地图

这不知是啥

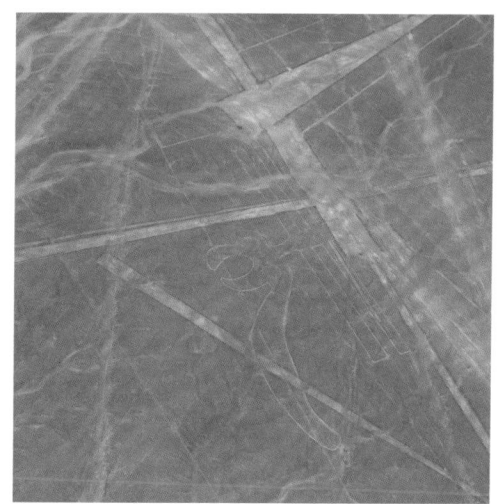

发挥你的想象力

中方位的理论却被普遍否定。赖歇坚定捍卫线图，防止其受到外人侵害。如今线图管理者继承她的精神，以至于连科学家都难以靠近紧邻纳斯卡西北边缘的平原上那些最为著名的动物图案。

巨大的圈圈

大地画的杰作之一

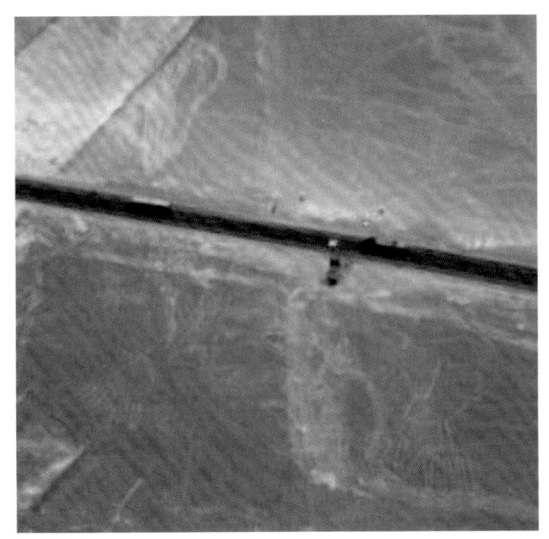

成双

1997年以来，在更北边的帕尔帕镇附近又兴起了一个大规模的秘鲁、德国两国合作的研究项目，名为纳斯卡—帕尔帕，由伊斯拉和德国考古研究所的马库斯·赖因德尔共同领导。该项目对本地区的古人类展开系统的多学科研究，研究范围包括纳斯卡人的居住地区、生活方式、绝迹原因，以及他们遗留在荒漠中的奇异图形的含义。

2010年3月号的《华夏地理》中说：

在纳斯卡文明范围内的其他地区，人们随着降雨类型的改变沿着河谷东迁西移。这场由秘鲁和德国共同发起的考古行动，已探索了从太平洋沿岸到安第斯山区海拔高达4600米的地区。所经之地几乎随处可见纳斯卡村庄的遗迹，"就像是散布在河谷两侧的珍珠""并且我们在每个村落附近都发现了地画"。尽管环境艰险，纳斯卡文明还是持续繁盛了八个世纪。

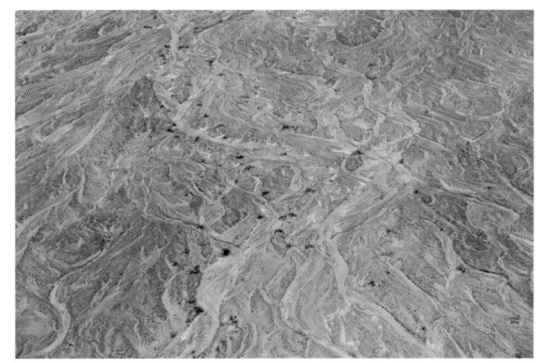

纵横交错

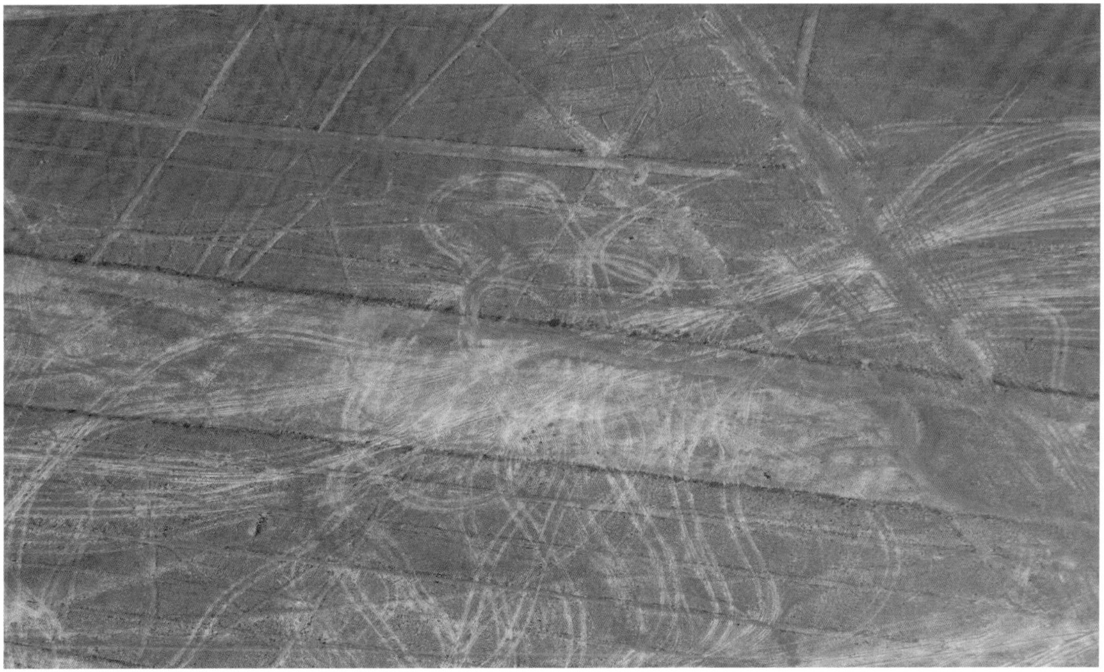

迷阵

今日农田

古代艺术的今日开发

公元前 200 年前后，纳斯卡人从之前的帕拉卡斯文明中发展起来，沿河谷定居，种植的作物包括棉花、豆类、薯类、蛋黄果（一种水果），还有一种短穗玉米。

纳斯卡人以杰出的制陶工艺闻名。他们发明出一种新技术，用黏土调和十多种颜色的矿物颜料，薄薄地涂在陶器表面，这样颜色便可被烧入陶体。

这些作品被人们视为对一个和谐民族标志性特点的简明写照，其宗教仪式中包括音乐、舞蹈、降灵步法等元素。为我们演示的这位女士说，她的外公经过研究发现了制作这些陶器的秘方，现在她和丈夫把这些工艺传承了下来。

古老艺术的今天

祖先当年的衣服

当年的陶器

先民的头骨

向导布瑞德带着我们乘完小飞机，让大家的相机里装满了大地画之后，又带我们来到了纳斯卡博物馆。那里存放着许多展现纳斯卡各个时期的文化的陶制品。早期的陶壶以其现实主义手法之描绘为特点，壶上用多种色彩画出各种飞禽走兽（秃鹰、美洲驼、蜂鸟等动物）以及庄稼（玉米、辣椒、利马豆等）。后期的图案就更抽象了，而陶壶本身则更笨重了。让我们惊叹不已的是那些保留至今的衣服乃至人头，我问了几次：这是真的吗？布瑞德都毫不含糊地说：是真的人头。

纳斯卡博物馆记载：纳斯卡线条图约出现于公元1世纪。在辽阔的荒漠上，有人用网状线条蚀刻出巨型飞禽走兽的图案。纳斯卡线条图是镂刻在纳斯卡山谷潘帕·因哈尼奥荒漠中一些奇怪的超大图形，有直线形、几何图形，还有飞禽走兽等各种各样的图形。在地面上，它们似乎像在暗红色的砂砾上一条条弯弯曲曲的小径。只有从高空往下观望时，这些线条才能呈现各种兽类的巨大图形。

今天的人们为纳斯卡大地画的命名有：一只50米的大蜘蛛；一只巨大的秃鹰，其翼展竟达120米；一条蜥蜴有180米那么长；而一只猴子则有100米高。这些迷宫般的图案占地500平方公里，它们是靠移开坚硬的表层石块，让下层黄白色的泥土露出地面而创造出来的。在天空中，我把它们一一拍了下来。

对纳斯卡线条用途的猜测，从1926年人们发现这些图案后就众说纷纭。前面我们说了，两个最早注意到这些图案的人以为，这些是灌溉用的水渠。后来，艾克斯比认为这些小径与印加帝国的"神圣之路"相似，那些圆锥形石堆是"聚焦"（即这些线条的聚合相交点），可能是举行礼仪活动的场所。

1941年有人到达该地时，那天正好夏至，碰巧观察到太阳恰好就是从这些红条中的某一条末端的上空落下去的。这一奇妙的现象让他认为，这里是世界最大的天文书。

从空中拍下这些线条后，我想从今往后会持续关注这些大地之画，因为已经有那么多科学家认为它与当年那里的水有关。古人在那么干旱的地方做的和水有关的一切，对我们的未来而言可能有重大的意义。

山地之间

明天我们要去的是秘鲁的另一个古城库斯科。那里的文明又会是什么样的呢？让我们一起走近吧。

秘鲁安第斯山区古城库斯科

在秘鲁的库斯科地区，常常可以看到这样一种动物，脖子长、眼睛大、绒毛光亮、像羊又像骆驼，这就是秘鲁的国宝——驼羊。驼羊又叫大羊驼，比我们熟悉的羊驼大得多。穿着艳丽民族服装的当地人赶着一群色彩多样的驼羊，成为秘鲁安第斯山区一道亮丽的风景。

起伏的山峦

我们到库斯科的第一时刻就拍到了这个牵着驼羊、等着人们拍照的小姑娘。同行的几个男士都争着和她及驼羊合影。从画面看，驼羊对小姑娘的依恋让人羡慕。

与其他大洲不同，南美洲的原始居民很少驯化野生动物。因此在欧洲人到达南美洲以前，这里没有羊、牛、马等常见的

库斯科的小姑娘与驼羊

驼羊

库斯科女人与驼羊

一周大的驼羊

家畜，而驼羊则是唯一的例外。作为原产于南美洲的古老畜种，驼羊1000多年前就成为南美居民的食物和运输工具了。遗憾的是，由于驼羊的绒毛珍贵，西班牙殖民者大肆捕杀，野生驼羊在400年前就灭绝了。

驼羊属于骆驼科，寿命可达20年，有亚马、阿尔帕卡、瓜纳科和比库尼亚4个品种。亚马个头最大，当地人通常用它驮东西。驼羊靠高原上的伊丘草，顽强地生活在气候条件恶劣的安第斯高原上。驼羊喜欢群居生活，一般5—10头组成一群。每群都由一头壮年雄驼羊带领，群内的雌驼羊都非常忠于它，即使领头的雄驼羊受伤，雌驼羊也不离不弃。

库斯科古城的小村庄

库斯科是秘鲁南部著名古城，曾是雄霸南美大陆近5个世纪的古印加帝国首都，

当年的粮仓

库斯科古城广场

以灿烂的古印加文化和古迹闻名于世。印加帝国崇拜太阳神，库斯科在印加语的意思为"肚脐"，在他们心目中这里就是世界中心。

古城里的妇女儿童

库斯科古城的喷泉

库斯科位于比尔加诺塔河上游的安第斯山高原盆地，海拔 3410 米，典型的高原气候。我们从纳斯卡的盛夏一到这里，就感觉到高原的冷。

1533 年西班牙殖民者入侵，不但将财宝洗劫一空，还血腥镇压土著印第安人。现在我们所见到的城里建筑物多是西班牙—印加的独特建筑风格，老市区还保留了一些印加帝国时代遗留的街道、宫殿、庙宇和居民老房子。

如果不是亲眼所见，很难想象在秘鲁

古城里的孩子

这么一个偏僻的古城里,还有如此精湛的文化与古迹和那么满脸灿烂的孩子。

怀里是小驼羊

库斯科古城是西班牙殖民时期重要的社会经济中心。因其地处万卡维利卡和波多西等以矿产业为主的城市通往盛产农产品及纺织品地区的必经之路,当年城市发展迅速,17、18世纪达到鼎盛时期。

从1532年到1821年的近三百年内,在保留印加帝国时期库斯科城市建筑轮廓和独具特色的巨石墙壁的同时,西班牙殖民者大兴土木。在此期间,库斯科城建造了大量的教堂、修道院以及装修精美的住宅,使古城日渐繁荣。

秘鲁库斯科古城以文化遗产资格于1983年被联合国教科文组织列入"世界遗产名录"。

库斯科城中心也叫兵器广场,这里曾是印加帝国时期举行庆典的场所。几条狭窄的石铺街道呈放射状通向四周,街道两旁仍矗立着许多用土坯建造的尖顶茅屋,其中很多石块房基还是印加帝国的遗物。现在幸存下来的一些宫殿、庙宇和房屋大多是从90公里外的安第斯山上采集的巨石堆砌成的。在这些巨石建筑面前,还能感到几分印加帝国时的威严。

广场北侧的库斯科大教堂始建于1560年,前后花费了100年才建成。这座教堂融汇了文艺复兴时期风格和巴洛克风格,其顶端的福音钟楼上悬挂着一口重达130吨的巨钟。据说它是南美大陆最大的钟,钟声能传到40千米之外。

街道和钟楼

人群中帮游客拍照的是警察

广场东侧的拉孔帕尼亚教堂建成于1668年，网上有文章评它为全城最漂亮的教堂。教堂墙壁饰有绚丽多彩的绘画，还有精雕细刻的祭坛。它是在印加人建造的太阳神庙的基础上建造的。

当库斯科还未被西班牙摧毁之前，城中最重要的建筑是这座极为富丽堂皇的神庙，里面供奉的是创造印加民族的太阳神维拉科查。那尊用大理石雕凿而成的维拉科查塑像就矗立在太阳神庙的内殿。因此，这座神庙也成了印加人心目中的圣地。据说，当年的整栋庙宇覆盖着700多片黄金（每片重达2公斤），宽阔的庭院栽种着好几畦黄金打造的玉米。

考古研究表明，印加帝国是通过征服周围其他部落而不断扩大版图的。为了巩固和发展自己的统治，印加帝国统治者不但组织修建了固若金汤的城池，而且建造了四通八达的大道。

有去过库斯科的人说，对印加帝国那

蜿蜒的石阶

街上的壁画

秘鲁"巨石"阵

搭建得天衣无缝

令人叫绝的精度

宽阔的道路网深感惊讶，这种大道几乎囊括印加帝国所有广袤的疆域，穿山越岭，横穿所有各式各样的地形。在沙漠地区，大道两边都建着防护墙；在深山峡谷，大道上都凿出蜿蜒的石阶。

导游带着我们几个中国人在库斯科时，我们认为最不可思议的是萨克塞华曼城堡。它占地约4平方公里，主体由里外三层围墙组成城堡。这些围墙全用巨型石块堆砌，高18米。最外面的那道围墙全长达540米，而且墙身不是平直的，是呈锯齿状，共有66个突出的锐角形墙垛。

没有铁器时的拼装

没有吊车时的搬运

墙垛上的士兵可以利用这种阵地交叉投掷标枪,射杀来犯的敌人。这是后人的解释,因为当年这里并不是军事要地,而是用来祭拜与朝圣的。

导游告诉我们,整个城堡在建造中共用了30多万块石料,全部都是重达数十甚至数百吨的巨石。在这些精心雕凿的巨石中,最大的石块高达9米,宽5米,约361吨重。这些巨型石块被精细地雕凿成多角形,然后又巧妙地拼合在一起。有些石块上不仅凿有台阶和斜坡,而且刻着螺旋形的洞眼,以便与别的石块吻合。

雕琢的手法极为轻巧流畅,缝隙之处细如发丝。为了整体的坚固,有些巨大无比的石块竟然倒着安放。

古人留下的谜团

深谙几何的印加人

连一块小小的修补也那么严丝合缝

萨克塞华曼城堡经历了无数岁月的风风雨雨，至今仍巍然屹立。1950年，库斯科地区发生强烈地震，许多西班牙时期的建筑轰然倒塌，而萨克塞华曼城堡却安然无恙。

HUDON百科词条中有这样一段介绍：一位西方史学家在目睹了萨克塞华曼城堡之后，曾万分惊讶地写道："只有你亲眼目睹城堡时，才会发现它在整个设计建造上可谓鬼斧神工，使人不得不怀疑它是全能者的杰作，而绝非出自人类之手！"的确，面对这些无比巨大的石块组成的建筑，现代人除了惊叹，更多的是困惑：当初这些建造者是采用什么方法，将这些巨石切割、挪移、倒置并精确地安放在指定位置的呢？

在相当长的时间内，见到这些巨大建筑的欧洲人一直想当然地认为，这些人间奇迹全部是印加帝国的子民创造的。可是考古研究发现，即使在印加帝国鼎盛时代，印加人也没有发明铁制工具和带轮子的交通工具。他们也没有大牲畜，能在安第斯山区饲养的最大家畜是南美洲的驼羊，这种动物体型太小，即使一只大驼羊最多也只能驮运不到20公斤的货物，所以，当时的大部分货物都靠印加男人用人力背送的。他们靠什么来加工和搬运这些巨大的石块呢？

而且，萨克塞华曼城堡中最大的石块重达300多吨，不要说当时的印加人，就是在今天，在全世界所有的地方，恐怕也都找不到搬运重达300多吨石块的巨型车辆。要想把如此重的巨石运到蜿蜒陡峭的半山腰，再垒砌成密不透风的石墙，确实是难以想象的。建造者们用什么办法建成了这座巨石古堡，实在是一个难解之谜。

据秘鲁史料记载，曾有一位印加君王，试图效法修建萨克塞华曼城堡的先人，想从数公里外运来一块巨石，竖立在城堡中，

驼羊漫步

以增加他的光彩。"两万余名印第安人牵引着这块大圆石,沿着崎岖陡峭的山路进发……途中石头忽然坠落悬崖,压死3000多名工人。"这段记载说明,印加人似乎并不具备这种非凡的建筑技术。

所以,有的专家不同意萨克塞华曼古堡是印加帝国鼎盛时期建成的这一结论。他们认为,根据古堡的建筑风格和技巧,应当是印加人来到此地之前的某个不知名的民族,用一种现在已经失传了的高难度技术建成的。

当地的印加人对此也另有一种说法。他们说,根据一个古老的传说,这些四通八达的道路网和这座宏大的巨石建筑早在印加时代出现前就已经存在。是很久之前由一个名叫维拉科查的神和他的信徒们建造的,而他们自己只是这些巨石建筑的使用者与南美古老文化传统的最后守护者。

这位大神维拉科查，也就是库斯科太阳神庙未被毁灭之前供奉的主神。

印加小猪

今日人家

腊肉与玉米种子吊在灶膛前

印加人有自己的语言，但没有发明文字。印加人的记录系统叫"奎普"，这是一种用来记录重要官方信息的绳结语（结绳记事）。只有受过专业训练的抄写员才懂得"奎普"，它可能用来记录货物的数量和人数，也可能记录历史事件。但不幸的是，随着西班牙人的入侵，这种"奎普"也早已消亡。

在自家灶膛前

祭台前放的分别是祖父的头颅和献祭的活羊

对食物的崇拜

村庄外

家在山下

印加文明有两大遗憾,一是没有文字,二是没有发明车轮。以至今天留下了古迹,也留下了神秘。在库斯科一个小村庄的人家里,我们实在想不通的是,他们怎么竟然能把祖父的头骨放在家里供着,同时供着的还有羊和鹰的翅膀。越来越商业化的那户人家里,还满地跑着小猪。

山、城、路、田

攀登古城

印加文化与西班牙文化的融合，在今天的库斯科有着鲜明的对比。晚上的餐馆里既有欧式的服务，也有当地原住民的歌

山城

古城姑娘

舞表演。那悠扬的排箫如同能把人带到亚马孙的热带雨林,带到印第安人盖着茅草的小木屋。在那里徜徉,真是一种难得的对多民族、多文化的社会风情与传统艺术的体味与享受。

印第安舞蹈

餐馆里的印第安民乐演奏

明天,我们将要去的是秘鲁最负盛名的马丘比丘。那高山下的小村庄又将会是一种什么样的景象呢?期待着。

餐馆里的演出

太阳神与月亮神的对话

生态宝地看秘鲁

提起秘鲁,人们定会想到马丘比丘和印加帝国。不过,我们这次在秘鲁期间,更感受到了那里自然景观的美与独特。秘鲁拥有地球上104个生命区中的84个,使得它成为自然爱好者的钟爱之地。世界将近20%的鸟类和10%的爬行动物都生活在这里。秘鲁有13%的领土被划归为自然保护区。

生命间的依存

到处都是花

石头上的植物

激流随时可见

这几张照片拍摄于2011年1月21日，我们从秘鲁南部著名古城库斯科前往马丘比丘的路上。峡谷中那湍急的河水，两岸茂密的森林，还有林中大树上长出的树上花园，都让我忍不住在车上扫拍。

在秘鲁，真的感觉花有奇花，果有异果，叶中当然也有奇叶。王莲是很多人在植物园里都见过的。这种来自亚马孙河流域的植物，它的叶子是最大的圆叶冠军。浮在水面的莲叶四边往上卷，像个巨大的翡翠玉盘。

说到长叶，就得提提亚马孙棕榈了，它的一片叶子连柄带叶足有24.7米长。不过，叶子比它更长的还有热带的长叶椰子。它的叶长27米，竖起来足有7层楼高，是世界上的长叶冠军。

从面积上讲，有一种大根乃拉草，它的一张叶片能把三个并排骑马的人连人带马一起盖住。你想，这片最大的绿叶面积冠军的叶子，面积该有多大！奇异的叶子还有很多，像能吃虫子的食虫叶，闻了它的香味就可使你醉倒的醉人叶，以及会跳舞的舞叶，等等。

其中，更为有趣的是一种会吹奏乐曲的叶子。在南美安第斯山麓，有种"笛树"，它的叶子会发出美妙的笛声。这种树的叶子像个喇叭，叶子末端还有个小孔。叶子有大有小，孔也有大有小。挂满树枝的叶子就像是一支支"叶笛"。当微风吹来，笛声温柔，悦耳动听；但狂风怒号时，伴着枝叶的剧烈摇晃，"叶笛"时而发出隆隆的战鼓声，时而如诉如泣，笛声哀怨。这就是"叶笛"通过大大小小不同的孔，被风吹奏出的奇妙乐曲。

很遗憾，尽管我早就听说过这种会发出笛声的叶子，但是此行没能看到。

亚马孙河处于赤道附近，流域内茂密的热带雨林面积近7万平方公里，这里生长着许多鲜为人知的奇异动物。

蝰蜘是世界上最大的毒蜘蛛，直径达25厘米。它是一种危险的动物，人被它咬一口虽不致命，但伤口红肿异常，很难愈合，且疼痛难忍。至于那些它爱吃的小动物，如昆虫和小脊椎动物等，被它咬一口可在几秒钟内死亡。

毒龟，是亚马孙河里另一种可怕又危险的动物，长达1米，重30到50公斤。毒龟是水陆两栖的，食性杂，吃草，也吃鼠类和鱼。它的头能四面八方地转动，脖子又非常长，这使它很容易获得食物。小动物被它咬后会因中毒而很快死亡，人被它咬后虽不致命，也会因中毒而大病一场。

吸血蝙蝠。巴西亚马孙河流域的波特尔岛曾发生过吸血蝙蝠伤人事件，至少300人遭到袭击，其中13人死亡。有关专家介绍说，吸血蝙蝠的身体通常非常小，只有几厘米，样子看起来十分丑恶。它们不吃昆虫或果实，专爱吃哺乳动物和鸟类的血。通常的食物是家畜的新鲜血液，有时也吸人血。科学家们经过分析后认为，很可能是因为当地过度采伐森林，从而导致吸血蝙蝠栖息地减少，许多蝙蝠在被迫迁徙的过程中对人类进行了大规模攻击。

食人鱼，又名食人鲳，原产亚马孙河，共有20余个不同的品种，其中具有代表性的品种被称为红腹食人鱼。它们体型小巧，一般为25厘米左右，色彩美丽，拥有墨绿色的背部、浅绿色的身体、火红色的腹部，性格却极为残暴。食人鱼长着锐利的牙齿，一旦被咬的猎物溢出血腥，它就会疯狂无比，用其锋利的尖齿像外科医生的手术刀一般疯狂地撕咬切割，直到猎物剩下一堆骸骨为止。因此，食人鱼被列在当地最危险的4种水族生物之首。在食人鱼活动最频繁的巴西马托格罗索州，每年约有1200头牛在河中被食人鲳吃掉。一些在水中玩的孩子和洗衣服的妇女也会不时受到食人鲳的攻击。食人鱼因其凶残特点被称为"水中狼族""水鬼"。

食人鱼为什么这么厉害？有资料显示，食人鱼颈部短，头骨特别是腭骨十分坚硬，上下腭的咬合力大得惊人，可以咬穿牛皮甚至硬邦邦的木板，能把钢制的钓鱼钩一口咬断。平时在水中称王称霸的鳄鱼，一旦遇到食人鱼也会吓得缩成一团，立即翻转身体腹部朝天，把坚硬的背部朝下，浮上水面，使食人鱼无法咬到腹部。

神秘鱼，它的体形类似鳗却有鳍，而且比较完整，身长15厘米，尾巴长得与比拉鲁克鱼很接近——比拉鲁克鱼是世界上最大的淡水鱼，另一个名字是巨骨舌鱼，最长的足有4.5米。经过进一步分析，结果证实它既不属于现有鱼类的哪一科，也不属于哪一属，所以最后被称为"神秘鱼"。

据科学家介绍，一般情况下，鱼类用 2 个或 3 个气囊控制它们在水中的位置，但神秘鱼却有 10 个气囊。鉴于它的这一特点，科学家估计神秘鱼有可能在水面呼吸到空气中的氧气，这是其他鱼不具备的特点。

世界奇迹马丘比丘

秘鲁是一个神奇的国度，它继承了深厚的古代文化以及丰富的殖民传统，又是地球上最丰富的多样生物地区之一，而且不同文化相互融合，人们共同构筑着自己的生活。

在秘鲁，千万年的历史在 180 个博物馆和历史名胜中得以再现。但秘鲁还有更多考古遗址，那是更古老时期的遗产。古人借助伟大的文明，将其艺术、习俗和仪式以及智慧和技能遗赠给后人。

在"拴日石"感觉太阳

左边是生活区，右边是祭祀公共事务区

建在高山之巅的城市

马丘比丘在奇楚亚语中是"古老的山"的意思,也被世人称作"失落的印加城市",是保存完好的前哥伦布时期的印加遗迹。马丘比丘是南美洲最重要的考古发掘中心,也因此是秘鲁最受欢迎的旅游景点。由于独特的位置、地理特点和发现时间较晚,马丘比丘成了印加帝国最为人所熟悉的标志。在1983年,马丘比丘被联合国教科文组织定为世界遗产,是世界上为数不多的文化与自然双遗产之一。

马丘比丘位于现今的秘鲁境内库斯科西北120公里。整个遗址高耸在海拔约2400米的山脊上,俯瞰着乌鲁班巴河谷,为热带丛林所包围,也是世界新七大奇迹之一。

历史上，印加人历经几十年，将自己的城市建在高山之巅，就是为了离太阳更近些。城中最著名的是"拴日石"，它是一块精心雕刻过的怪石。每到秋分和春分的中午，太阳直接会落在石柱上面，不会留下任何影子。而"三窗庙"和"太阳庙"等其他建筑在夏至日当天，也与太阳同样具有独特的神秘联系。

天文台位于马丘比丘的一座高山山脊之上，是一个带有曲线石墙的特殊造型建筑物。这座古城天文台之所以选择建造在这里，可能是由于其独特的地理和地质特点。当每年6月的夏至日，太阳光就会射入石头窗口，将这个带有雕刻暗槽的石头围墙照亮。

同时，这个石头窗口还用于夜间测量每年昴宿星团特征变化。依据对其观测情况，确定什么时候开始种植马铃薯。

2000年一项研究表明，由于地球薄而高海拔，云层则使昴宿星团看上去非常模糊，如果古印加人通过这个石头窗口观测到的昴宿星团十分模糊，那么在相继到来的种植季节里，安第斯山脉将十分干旱。

观测台遗址

走进世界奇迹

古城

我们在马丘比丘时，同去的几个中国人总觉得这样的村落在我们中国真的不算什么稀罕。我回来认真找了一些介绍，寻找它之所以成为世界七大奇迹之一的原因。16世纪中叶，当秘鲁沦为西班牙殖民地后，民间就一直相传：在茫茫的安第斯山脉中，有一座神秘的印加古城。300多年间，探险家们多方寻觅，均无所获。

直到1911年7月的一天，美国耶鲁大学教授希拉姆·宾汉姆在距印加古都库斯科城120公里、海拔2400米左右的群山之间，发现了这座被白云和密林覆盖的高原城郭。考古学家无法得知它的原始名字，于是借用了附近一座山名，称其为马丘比丘。

1913年，美国国家地理杂志曾用了整个4月刊来介绍马丘比丘，这处遗址也因此受到了广泛的关注。之后，马丘比丘不断有一些新的考古发现（加上最近对早期殖民文件的解读）显示马丘比丘并非普通城市，而是印加贵族的乡间休养场所（类似罗马庄园）。围绕着庭院建有一座庞大的宫殿和供奉印加神祇的庙宇，以及其他供维护人员居住的房子。

据估算，在马丘比丘居住的人数，在高峰时也不超过750人，而在没有贵族来访的雨季就更少了。印加王国选择在此建立城市，可能是由于其独特的地理和地质特点。

山中的世界

不知从何而来的巨石

仰望天空的脸

当年的房子

都没有使用,完全靠精确的切割堆砌来完成,修成的墙上石块间的缝隙还不到1毫米宽。石块和石块之间的缝隙连匕首都无法放进去,让人简直无法理解印加人究竟是如何把它们拼接在一起的。全部建筑都是印加传统风格。让人注意的是,虽然印加人了解圆形(太阳神Inti就是用它表现的),却并不把它运用在建筑中。

古迹中的生机

据传说马丘比丘背后山的轮廓,代表着印加人仰望天空的脸,而山的最高峰"瓦纳比丘"代表他的鼻子。印加人认为不该从大地上切削石料,因此从周围寻找分散的石块来建造城市。一些石头建筑连灰泥都没有使用……

建筑用的庞大数量的石块究竟是如何搬运的至今仍是个谜。还有,虽然印加人不使用圆形,但却利用了斜坡。据说他们让成千上万的工人推着石块爬上斜坡。可惜的是,印加人并未掌握文字的技巧,因而没有留下任何描述文字。

标识

水渠

远看古城

1981年，马丘比丘周围32592公顷土地被列为秘鲁的"历史保护区"。这个地区不仅包括遗迹本身，还包括附近的地貌和动植物群，尤其是当地生产的兰花。有理论指出马丘比丘是一个印加"llacta"，即用来控制新征服地区经济的据点。

这里也是整个印加帝国境内最美丽的一处"据点"，在遭受进攻时用来保护印加贵族。这里是印加的"安息地"和"观测站"。在被西班牙征服后,这里成了印加反抗军的要塞。

整个遗迹由约 140 个建筑物组成,包括庙宇、避难所、公园和居住区。这里还建有超过 100 处阶梯——每个通常由一整块巨大的花岗岩凿成。还有大量的水池,互相间由穿凿石头制成的沟渠和下水道联系,通往原先的灌溉系统。

在古沟渠洗衣

记录千年印迹

当年的水利系统

因为是谜,因为那么多人去那里是出于对神秘的探索,今天人们对马丘比丘还有很多猜想。

第一个猜想是功能。帝国为什么要建设这样一座空中城堡?这是当时的生产力水平无法承载的负担。印加的统治者为什

山中人间

么会选择这里建设城堡呢？为了防御？为了最后的退守？为了生产？多少年来，考古学家对这个神奇的古城产生了众多的猜想。

　　最有说服力的猜想是，祭奠神灵。印加人崇拜太阳，太阳神是他们最重要的神灵，印加王都自称为"太阳之子"。选择这样高的位置建设如此规模的一座城，为的只是和太阳更近一些。现代考古学者推断，马丘比丘并不是普通的城市，而是一个举行各种宗教祭祀典礼的活动中心。平时有一些人居住在这里照料寺庙和祭坛，大部分人要到宗教节日才到这里来。考古学家在城中发现的头骨中绝大多数是女人的头骨，他们推断这些都是为了敬献给太阳神的祭品。

　　第二个猜想关于建筑。印加古城的建筑全用巨石建成，见不到灰浆的痕迹。在那个荒蛮的时代，达到如此的工艺水平是一个谜。更重要的是那些巨石，古印加人是从哪里用什么方法搬来的？在崎岖狭窄而危险的山脊上，把巨石运上山巅几乎没有可能！

近看

远观

秘鲁科学家认为，印加人并没有在悬崖峭壁上搬运巨石，而是在山巅就地取材的。他们在选定的山巅就地采集岩石制作砌块，在山顶开出一片9万余平方米的开阔平地垒筑城市。最后把剩余的石块、碎砾全部扔下山崖，在山巅留下这座奇迹般的古城。

关于印加古城的悬案和猜想还有很多。比如他们为什么会消失？遗留的100多具头骨和随后发现的木乃伊带来了什么样的古文明信息？马丘比丘充满无穷的吸引力，等待我们去探索。

昔日的辉煌

离开大山

梯田

我们这个世界有很多等待我们去探索的地方和事儿。美国地球观察研究所这些年有很多探索项目是邀请全世界的志愿者参加的，希望有更多的志愿者加入这一探索的行列中。

智利的蓬塔与复活节岛——天尽头与"世界的肚脐"

世界最南端的大陆城市

从智利去南极,出发地是蓬塔阿雷纳斯。我们此行在这里住了五个晚上。大风、悠闲、素养、热情(贵族家中的收藏供人免费参观)——是我作为游客能想到的关键词。

这座城在地球最南端

给车打扮

城市里的树多姿多彩

把人画在墙上的涂鸦

拍吧，中国人

1520年，进行环球航行的葡萄牙航海家麦哲伦将船只停泊在今天蓬塔阿雷纳斯地区，为了纪念他，蓬塔阿雷纳斯所在的大区被命名为麦哲伦大区。早期英国船只在航海日志中，对这一地区的标识均为沙尖。

智利共和国麦哲伦-智利南极大区（即第十二大区）首府蓬塔阿雷纳斯位于麦哲伦海峡上的布朗斯威克半岛，距首都圣地亚哥3090公里，与火地岛和南极洲隔海相望。

蓬塔阿雷纳斯（南纬53°10′）人口15.4万（2008年）。该城始建于1843年，1868年起成为自由港。20世纪巴拿马运河修筑开通前，这里曾经是沟通太平洋和大西洋的必经之路，也是大西洋与太平洋间过往船只的加煤站。这里是智利牧羊区的商业和工业中心，当地工业以加工羊毛、羊肉、皮革为主。市内多纪念碑、广场及城市的克罗地亚文化背景在南美独树一帜。以下就把这座城市简称为蓬塔。

本来我们到地球的最南边，到南极，想象的都是那里的荒凉，那里的人烟稀少。可2017年1月7日我们一到蓬塔，那里的自然风光和文化气息就修正了我们的错

海鸟的家

误认知。那里也有中餐馆,那里的人对中国人也非常友好。我们拍照时他们个个都非常配合,甚至不管我们是不是在拍他们,也会马上摆出各种姿势让我们拍。另外这里海边的鸟真多。远看,个个的颜色和姿势怎么那么像企鹅。

介绍海鸟的牌子

像不像企鹅

还有有意思的。涂鸦我们在世界不少角落都见过,夸张、诙谐、怪诞、富于想象……蓬塔的涂鸦十分写实。它们是海边墙上再现的生活场景,是人在各种工作、休闲时的状态,而且画得极其逼真,让人从那走过,忍不住就要和他们拉拉手,坐一坐。

是被废弃还是专门为鸟建的?

涂鸦:今天看"病"吗

为什么在墙上创作这样的涂鸦，没有人告诉我们。我们猜想是因为这里人少，画点在墙上凑数？是这里的人喜欢把私人生活展示给公众，扩展到公共空间？是这里的人希望用这种方式告诉外来人，这可是我们当地的文化传承？

涂鸦：等待

涂鸦：风中

涂鸦：码头

涂鸦：进港

涂鸦：见面

蓬塔常常被认为是世界上最南端的城市，按中国人的说法就是天尽头。事实上，阿根廷的乌斯怀亚在地理位置上更偏南。这几年随着中国人到南极的越来越多，乌斯怀亚因为是去南极上船的港口，在中国可能更出名。

蓬塔的名称来源据称与英国探险家约翰·拜伦有关。怎么有关，网上我没有查到。查到的是，直到1843年智利政府才建立了第一个定居点，并根据西班牙语 Punta Arenosa 将城市命名为 Punta Arenas。

蓬塔也常因麦哲伦而被提及，因为城市所在的大区被命名为麦哲伦大区。多年来，蓬塔因为城市房屋的金属屋顶常被漆上红色涂料，也就得到"红屋顶之城"的美誉，不过从1970年后，由于多种其他颜色涂料的使用，使得城市的面貌发生了巨大的变化。

麦哲伦塑像

"红屋顶之城"

雕塑：船和船员

雕塑：牧羊人

历史上，两批早期的西班牙移民曾尝试在麦哲伦海峡的岸边寻找定居点。1584年，第一批移民在诺布雷·德·赫苏斯的率领下来到这里，但由于恶劣的天气和食物水源的缺乏，以及远离西班牙其他殖民地港口，移民不得不离开这里。

第二批移民在雷伊·唐·菲利佩的率领下来到蓬塔以南80公里的地方建立定居点，这个定居点后来被称为汉布雷港，有时也翻译为挨饿港或者饥荒港。

这批移民试图通过在这里建立定居点，达到控制麦哲伦海峡并阻止英国海盗的海上劫掠行为。

不过，具有讽刺意味的是，1587年，英国海盗船长托马斯·卡文迪什解救了汉布雷港的最后几名幸存者。

麦哲伦海峡

当年的船

英国造

雨瀑——这里常常受到暴风雨侵扰

智利政府于1843年派遣了一支探险队来到这里,任务是在麦哲伦海峡的岸边寻找并建立一个永久定居点,这支21人的探险队(1名船长,18名船员,2名妇女)就是蓬塔最早的居民。

终于,1843年9月21日蓬塔建立了定居点。

麦哲伦海峡边的方位

定居点的建立地

历史的纪念

蓬塔阿雷纳斯大教堂

网上对蓬塔有比较详细的介绍：虽然定居点的位置非常适合军队驻防，但由于定居点是建立在一个满是岩石的半岛上，所以一开始并没有考虑将其作为移民点设置。

当地军事长官何塞·德洛斯桑托斯·马尔多内斯于1848年运送第一批移民进入这个定居点，并在拉斯米纳斯河畔建起房屋。这个定居点就被正式命名为蓬塔阿雷纳斯。

19世纪中叶，智利主要将蓬塔作为犯人流放地和惩罚行为不轨的军人（阿根廷最南端城市乌斯怀亚今天也有一座当年的监狱并可供人参观）。慢慢地，这里吸引了越来越多的移民前来定居。

今天，蓬塔海边有一个船博物馆。在一

走近船博物馆

艘老船上,展示当年的海员生活,十分活灵活现。在船舱里面慢慢走着,我在想,莫非这里也是当地人的爱国主义教育基地?或只是让老百姓记住这座城市曾经的经历?

吃得不错

船舱内景

喝多了

修理枪械

船员住处

炮窗背后

甲板上

船博物馆外面的鲁冰花

市中心的孩子

随着城市附近金矿的发掘以及羊毛加工业的发展,蓬塔这座城市逐渐恢复了生机。随着停泊于此的船只数量的增加和海上贸易的进行,城市开始进入繁荣的时期。

摊上的毛活儿

街上的建筑

在1890—1940年间，蓬塔所属的麦哲伦大区成为世界上最重要的羊毛加工地之一。总部位于蓬塔的"火地岛社会探险"公司就在智利和阿根廷的南部拥有超过10000平方公里的牧场。

今天在那里，人们可以通过参观市中心的博物馆来了解那里的自然和文化。我们走进博物馆时，最先碰到的是一群孩子。从小让孩子们了解自己祖先的历史，在国外很多国家的教育中是非常重要的一环。

觅食

这么小就走进了历史博物馆

炯炯有神

和"企鹅"在一起

历史的年轮

头饰

也是黑白两色

这些生物野外已难见到

小驼羊标本

人类学是此行被大家叫做汪大哥的业余研究的课题。在博物馆里,他给大家讲着展品的故事和人类在这里的早期活动。

蓬塔居民的祖先绝大多数是来自欧洲的移民,主要是克罗地亚和西班牙,也有德国、意大利、英国、瑞士和欧洲其他地方的。移民多数于19世纪中叶来到这里。其中克罗地亚移民对此乃至麦哲伦大区的发展起了关键的作用。

当年的船(二)

原住民塑像

当年的家具

当年的船(一)

当年的起居

克罗地亚移民墓地

如今,人们可以在蓬塔商店的名称和城市的众多建筑物里找寻到克罗地亚文化对这座城市的影响。据统计,超过50%的蓬塔居民是克罗地亚移民的后代。

在蓬塔,有一顿中饭我们是在一个贵族庄园里吃的。饭菜之丰盛,让喜欢吃肉的人都大呼过瘾。而这个庄园更让我们感兴趣的是里面有很多当年主人的收藏,人们在这里可以免费参观。当地华人任重告诉我们,这也是智利有钱人对社会的一种贡献。

把自己的收藏公之于众,是对社会的一种回馈,这让我们听着挺新鲜。这家的收藏及其文化品位,也着实让我们对智利早期的发展和对当地人的修养层次,有了进一步了解。

茹毛饮血

老爷车

筚路蓝缕

再现航海靠岸

再现篝火场景

梳妆台与猎枪

室内一角

我们中国有钱的人越来越多了，喜欢收藏的人也不少。什么时候他们的收藏也能成为收藏者对社会的回馈呢？我想应该不会太远了吧。

今天的蓬塔，文化卫生事业发达，拥有三所大学、三所技术培训中心以及众多文科、理工科学校；形成了公立医院、私人医院、社区综合门诊部等卫生机构互补的医疗卫生体系。

根据联合国教科文组织公布的标准，蓬塔凭借其优美的自然环境、丰富的历史文化遗产和壮美的麦哲伦海峡，跻身"世界最美丽海湾俱乐部"成员。2007年，蓬塔与哈尔滨结为友好城市。

蓬塔是半干旱的海洋性气候，根据海洋洋流的变化会导致城市气候随之变化。气温最低的7月平均温度是-1℃，气温最高的1月平均气温是14℃。城市的气温并不持续固定，经常会有变化。在4月、5月城市降水会非常充足，但在智利的冬季（6月到9月），平均气温也不会降到1℃以下。

在智利的城市中，蓬塔以大风最为著名，风速最快可达到130公里每小时。夏季站在市中心的栏杆边上，可以看到建筑物在强大的西风吹拂中形成的独特景象。我们没有看到这一景，因为如果看到，可就去不成南极乔治王岛了！

从1986年开始，蓬塔成为世界上人口增长速度比较快的城市，但城市人口受到臭氧空洞所造成的紫外线照射的威胁也在逐渐增加。

海边夕阳下

蓬塔的云

海豹形垃圾桶

健身者

擦身而过

涂鸦：墙上的南极

经历南极的冰川后，我们又要有几天没有信号与朋友分享奇特的风光了。那就让对大自然冰川"博物馆"的向往成为我们共同的期待吧。

纳塔雷港的鲁冰花

2017年1月12日，离开智利最南面的城市蓬塔，要去穿越冰川，坐的是大巴。中途休息时，我们看到了那里沿途盛开着的鲁冰花，野生的五颜六色的它们，真美。也看到了在中国见不到的黑颈天鹅，还体会到了什么叫风大。大到什么程度呢？差一点点就要被风刮倒。人要瘦点，想站稳脚跟，那真的会很困难。

鲁冰花又叫"羽扇豆"，是蔷薇目、豆科、羽扇豆属植物。

和很多豆科植物一样，鲁冰花生有根瘤，能够把空气中的氮固定到土壤中；它的种子富含养分，特别是蛋白质。

鲁冰花花瓣总状花序顶生，较短，长5-12厘米，长不超出复叶，花序轴纤细，由上百朵蝶形小花密密组成。除了常见的鹅黄色、红色外，还有浅蓝、粉红、砖红、白色及双色等颜色,散发着浓烈的沁人心脾的香味。

鲁冰花主要分布在地中海地区的意大利、西班牙等国。有一年生的野生型。俄罗斯、荷兰、比利时、美国、新西兰等栽培较多。我们在智利看到的,当地人说全是野生的。

自古以来,基督教里就有将圣人与特定花朵连结在一起的习惯。这因循于教会在纪念圣人时,常以盛开的花朵点缀祭坛所致!而在中世纪的天主教修道院内更是有如园艺中心般地种植着各式各样的花朵。久而久之,教会便将366天的圣人分别和不同的花朵合在一起,形成所谓的花历。

当时大部分的修道院都位于南欧地区,而南欧属地中海型气候,极适合栽种花草。羽扇豆就是被选来祭祀5世纪卡尔塔哥的主教——圣欧格尼斯的花朵。

鲁冰花学名"Lupin",在希腊文里是"悲苦"的意思。羽扇豆的种子苦涩异常,含在嘴里,令人皱眉,看起来似乎很痛苦的样子。因此它的花语是"苦涩"。受到这种花祝福而生的人,老是被认为"狗嘴里吐不出象牙",喜欢实话实说,不懂得看场合,直肠子个性。

鲁冰花的花语是:母爱、幸福、贪婪

盛开的鲁冰花

的心、苦涩、悲伤、空想。

在智利南极大区，无论走到哪儿，都能看到鲁冰花。它们长得那么随意，那么野性，那么多姿多彩，那么不管不顾……我觉得，对它们越了解，越可让我们懂得它的美，懂得它的价值，也更可尽情地欣赏它们。

陶罐

驼羊毛做的钥匙牌

木桶

走进冰川前我们住的旅馆

炉子带来的暖意

餐厅

木柴堆积如山

内饰

穿越智利南极大区冰川，我们要从纳塔雷港上船。从蓬塔开往纳塔雷港的路上，我就在想象着，即将走进冰川前的港口会是什么样子呢？寒冷、风大、荒凉……

四个多小时的路程，领教了那里的风，也感受了那里的荒凉。没想到的是，荒凉中的鲁冰花以自己的美丽打扮着、养育着这里的荒凉。

更没有想到的是，到了住地，走进要住一晚的旅馆里，从拿开房门的驼羊毛制作的钥匙牌，到大厅布置，都给人以暖意，给人以艺术气息。以至于连房间里墙上作为装饰的衣服，让我都想穿起来照张相。

这么偏远，被我们认为也不是多么发

达的国家，小小的旅馆里却有着浓浓的诗意，怎么会呢？我问自己。

当然，对于我这个对大自然爱之深、情之切的人来说，到了纳塔雷港，更想的是好好看看那里的窗外、那里的海边、那里的大自然、那里人与自然的相处。

纳塔雷港边的教堂内景

海边野花

淡淡的寂寞

雕塑：出门的"企鹅"

纳塔雷港街边一角

纳塔雷港，这个没有多少人的港口，静静的，淡淡的，却耐人寻味。

我们在那里漫步时，脑子里和心里都挺干净，和街边的马路似的，一尘不染。

我想，在我们说干净时，有一种干净是经过了打扫以后的干净；还有一种干净是少有杂质进入的干净。在这冰川前的港口小镇漫步时，我脑子里、心里的干净应该是杂念少的干净，是那一刻眼前看到的自然和看到自然的人，那一刻真真正正的纯净。

漂浮的三原色

黑颈天鹅，在南极区纳塔雷港的海边是随处可见的。它们一对对、一片片，大的优雅，小的如同丑小鸭，多以两只大的带着三四只小的为一小群在水中漂游。

黑颈天鹅是一种生活在南美洲的天鹅。其体姿同大天鹅十分相似，是一种珍稀鸟类，通常体长约1米，其黑色脖颈及嘴基部那红色美丽的肉瘤成为它的显著特征。前额上的疣突十分鲜艳而发达。它的脸颊呈红色，嘴为蓝灰色，嘴甲呈灰白色，跗蹠和蹼均为粉红色。

黑颈天鹅

天涯海角芳草野花

黑颈天鹅是天鹅家族五大成员之一，它不像大天鹅和小天鹅因周身雪白而显得神圣纯洁，也不及黑天鹅那样神秘优雅。除了长在颈部的羽毛黑而发亮外，其余羽毛均为白色，这使得它们没有了其他天鹅那样的圣洁和神秘，却多了一种亲切和自然。

黑颈天鹅的胆量较小，警惕性很高，受惊后一边鸣叫，一边拍打双翅从水面上飞逃。但在平时，它的叫声很弱，听起来就如同喘息声一样，也传不了多远。在自然界中，凤头卡拉鹰是它的主要天敌，经常捕食它的雏鸟、幼鸟或偷吃巢中的卵。

一家子其乐融融

黑颈天鹅喜欢生活在生存着狭叶香蒲、蕉草、灯心草、芦苇、浮萍等水生植物的淡水或稍咸水的沼泽、湖泊和潟湖中。

黑颈天鹅也是世界上唯一一种喜欢托着自己的幼禽游弋的天鹅，而且这种现象看来也是比较普遍的。我们在海边没有多长时间就拍到了妈妈背着小天鹅的画面。好温馨呀！不知道它们要在妈妈的背上玩到多大？

在妈妈背上好舒服

纳塔雷港的晚餐

切肉

烤肉

炉火

吧台

　　黑颈天鹅繁殖于南美洲的巴拉圭、乌拉圭、智利、阿根廷以及火地岛等地。

在纳塔雷港,我们坐在海边的小木屋里,看着窗外的风景,吃了一大顿烤肉。我从看肉是怎么烤的,怎么切的,直到端上桌。1994年我到阿根廷就领教过当地人是怎么吃烤肉的。那次在餐馆里,坐在我们桌旁的当地姑娘瘦瘦的,可吃起烤肉来,个个都能吃一只鞋那么长、那么宽,巴掌厚的两三块烤肉。我们同行的中国人看着香,可是吃起来,一块都吃不完。

我不吃肉,纳塔雷港的晚餐,我看着同行人个个吃得那个香,也替他们过瘾。

南美烤肉,最早源于南美洲的一个土著原始部落。由最原始的将肉串在木叉上放在木柴上烧烤,逐渐演变成现在的使用木炭、燃气等,将腌制好的肉分别串在一根长约一米带凹槽的扁平铁棍上,再放在炭火上慢慢烧烤,其间要刷几次油,烤至两面金黄、肉香扑鼻的时候,就可以食用了。

海边的小木屋里,木桌木椅,南美烤肉,配上当地有民族特色的音乐,那份惬意,不仅有大快朵颐的粗犷感,还品着正宗南美的风情,真是让人难忘。

这么香的烤肉,当地人教了我们如何烹制。在翻译任重的演绎中,我们记了下来:

1. 将牛肉切成2两左右的大块,放腌料里腌制;冬天一天,夏天12—24小时;

2. 把肉串在烤肉钎子上,放明炉灶上的铁架上烤制。烤的过程中要多刷几次油,不断翻动以保持肉的滋润和水分的

窗外

晚霞

过度蒸发；

3. 最后一道工序是在肉表面稍稍刷一点调稀的蜂蜜，再烤一下就可以了；

4. 上桌的时候先用片刀将肉表面的酥香表皮切下来，然后再放烤炉上继续烤制。随后一直重复这道工序，直到吃完为止。上餐的时候，片肉的动作要潇洒麻利，要给人一种表演的风格和可欣赏的乐趣。

这样的美食，在中国人的餐桌上推广，在自家的家宴中品味，是我们同行人中很多都想回去后试一试的。

落照

海边的雕塑（二）

海边的雕塑（一）

云山

泳池

2017年1月12日，满满的、悠闲的、充满情趣的一天结束时，我们在进入冰川前住一晚的旅馆里，看着天慢慢地变暗，体会着外面雪山的寒冷和屋里池水的温暖，那是一种什么心情呢？

离开那里写这篇文章时，已经过去整整两个月了。可那天在水里游着时的感觉仿佛还环绕在身边，让我回味，让我感叹。

旅行和旅游不同，那就是旅行回来后还有太多的回味。

揭开遥远的神秘

2017年1月18日，我们踏上了智利神秘而知名度很高的复活节岛。

戴花

一人一串

复活节岛飞机场迎接客人的方式也很有特色。岛民的手里捧着一簇鲜花扎成的花环，接你的人会把花环戴在登岛人的面前，且男女有别。那热情洋溢的表情，一下子就把我们的激情点燃起来。

欢迎

机场

上岛前的神秘感、上岛后的天热和岛上人的激情合三为一，这就是我们走进复活节岛，走向神像时的心情。

太久的期待，让我们的好奇在加剧。而加剧的好奇，让我们的激情又有了更大的爆发。

复活节岛位于太平洋东南部，面积约117平方公里，现属智利共和国的瓦尔帕莱索地区。它离太平洋上其他岛屿都很远，是一个孤零零的小岛，地球上有人居住的最与世隔绝的岛屿之一，离有人定居的皮特开恩群岛有2075公里距离。该岛形状近似三角形，由三座火山组成。

海岸

马儿

复活节岛最早的居民称之为"拉帕努伊岛"或"赫布亚岛"（意即"世界之脐"）。

这个岛的首先发现者是英国航海家爱德华·戴维斯，当他在1686年第一次登上这个小岛时发现这里一片荒凉，但有许多巨大的石像竖在那里。戴维斯感到十分惊奇，于是把这个岛称为"悲惨与奇怪的土地"。

西班牙驻秘鲁总督派出的一支远征队于1770年再次发现该岛，他们估计岛上居民约3000人。在英国航海家库克（James Cook）上校于1774年到达该岛之前，看来岛上已发生了一场内战。英国人发现了惨遭杀戮、贫困不堪的波利尼西亚居民，男人只有600—700人，女人不足30人。

他们还看到巨大石像不再是崇拜对象，多数已被推倒。

也有记载，最早登上该岛的欧洲人是荷兰人，他们为该岛取名"帕赛兰"，意即"复活节岛"，以纪念他们到达的日子。岛上的土著波利尼西亚人称这个小岛是"世界的中心"。

现岛上居民约2000人，都属波利尼西亚人种，也有说源自马克萨斯（Marguesas）种族的一个波利尼西亚族亚群最东面的移民。据说这些居民对升起的太阳匍匐在地，用火来崇拜巨大石像。

原始的拉帕努伊词汇已经失传。岛上居民自认是两个种族的后裔：长耳族和短

神像

耳族。通婚是常见的，所以有越来越多外国血统的人流入。

在西方人未到之前，这里还处于人类的石器时代。因为岛上都是石块，不长农作物，只能种些易生长的甘薯。岛民原来都靠捕鱼，少数种甘薯为生。

1805年起，西方殖民者开始到岛上抓拉帕努伊人当奴隶。起初还只是偶尔为之，1862年，秘鲁海盗乘八艘船只而来，抓走了一千多名拉帕努伊人，男性拉帕努伊人几乎被一网打尽。这些人被运到秘鲁，卖给了当地奴隶主。

在国际舆论的谴责下，秘鲁政府不得不命令奴隶贩子将这些拉帕努伊人放回，但只剩下100人左右了。在返回复活节岛的途中又染上了天花，在旅途中纷纷病死，只有15人回到家乡。这15人也把天花带到了复活节岛。传说中的创始酋长霍图·玛图阿及其后裔死去了，所有的酋长、祭司也都死去了。岛上居民只剩下数百人。

面朝大海的只有这么几尊

当地人称石像为摩埃

岛上的原住民

复活节岛以其巨大石雕像而著名，岛上有600座以上的大石雕像，以及大石台（ahu，石堆）遗迹。

近千尊巨大的石雕人像，或卧于山野荒坡，或躺倒在海边。其中有几十尊竖立在海边的人工平台上，单独一个或成群结队，面对或背对大海，昂首远视。

这些无腿的半身石像造型生动，高鼻梁、深眼窝、长耳朵、翘嘴巴，双手放在肚子上。石像一般高5-10米，重几十吨。最高的一尊有22米，重300多吨。

有30来个石像的头上戴着石帽（被称为"普高"）。石帽与石像身体不是整体的，是另外雕刻好了戴上去的，并且在一些石帽上涂了红色。这些石像头顶就戴着红色的石帽了，帽重达10吨。

这些被当地人称作"摩埃"的石像由黝黑的玄武岩、凝灰岩雕凿而成，有些还用贝壳镶嵌成眼睛，炯炯有神。但是，石像都没有刻出下身的脚。

"普高"意为头饰

最长的一排神像

神像与大海

山坡

神像多背对大海

有学者于1886年、1914年和1934年进行考古调查,1955年开始考古发掘工作,结果认为,岛上存在3个明显的文化期。

早期的有在塔海(Tahai)、维纳普和阿纳克纳的大石台,碳定年法测定在公元700—800年。阿纳克纳石台的墙在1987年挖掘出以前一直埋在地下。

从阿纳克纳发掘工作中发现多种石雕像是在早期雕刻的。其中有一种较小的中期胸像原型,与中期胸像的主要差异是圆头和粗壮的身躯。

另一种造型是一尊写实主义雕像,表现跪着的全身人像,臀部坐在足跟上,双手放在膝上,有一个雕像裸露着肋骨,具备南美洲蒂瓦纳库的前印加人时期纪念物的各种特点。

在中期(1050?～1680),有意毁坏和丢弃石雕像,所有大石台全部重建,没有考虑太阳方位,也没有考虑石块结构的尺码。似乎唯一的愿望就是能够有牢固石台,可以支撑更高更大的胸像,即中期典型的"摩埃"。

残缺

几个神像排在一起

一半在地上，一半在地下

石头缝里的草

不知是跪还是站

中期在大石台内建造了墓室。石雕像的体积越来越大,后来达到惊人的程度;细而高的胸像的细长头部上有用红色凝灰岩制作的很大的圆柱形"普高"(意为头饰)。

中期石像的高度大多在3—6米,但立在石台上的最大石像约10米高,由重约74.5吨的一块石头雕成,其顶上的"普高"约有11吨重。

现今仍然矗立的最大石雕像部分埋在石场下面很深的淤泥中,约11米高。未完成的最大石雕像约21米高,原型是死后被奉为神的一些重要人物。

倒卧

展示石斧

博物馆里的导游

中期石雕像都是用拉努·拉拉库火山口湖岩壁中特有的黄灰色凝灰岩制成。在火山口碗形地带内外,散布着许多未完成的石雕和数以千计的粗糙石镐，这证明雕刻工作突然中断。

在1955—1956年以该岛传统为依据进行的实验表明，遗留在石场中的许多用玄武岩做的石镐，完全可以用于雕刻坚硬的凝灰岩。

采石场上用玄武岩制作的石斧，当地人称为托其（toki），因用钝了而丢弃。摩埃（神像）就是用这些石器雕刻出来的。

在20世纪50年代，著名挪威考古学家海尔达尔（Thor Heyerdahl）曾雇了六个当地人用这种石斧雕刻一座摩埃。他们干了三天就辞职了。但是根据其进程估计，这六个人用12到15个月的时间就可以雕刻出一尊摩埃。

这样看来，如果要雕刻最大的摩埃，也不过只要20个人工作一年。

自20世纪50年代以来，考古学家们也不断地组织人马用原始的办法搬运、竖立摩埃或复制品。美国考古学家范提尔伯格（Jo Anne Van Tilburg）设想古拉帕努伊人在搬运时，把摩埃放在木橇上，底下垫一排木头当轮子，地面洒水减少摩擦。她用计算机模拟，发现用大约70个人以木头、绳子为工具，用这种方法花五天时间就能搬运、竖立一尊重约10吨的摩埃复制品。在1998年四五月间，人们在复活节岛上实地模拟了整个过程，并被拍成电视片。

一直以来，考古学家们对古拉帕努伊人是怎么搬运、竖立摩埃的颇有争议。但这并不重要。重要的是不管拉帕努伊人具

布满半边山的神像

凝视远方

体用的什么方法,根据当时的条件,是完全可以用几十个人搬运、竖立一尊普通大小的摩埃的,并无神秘之处。

问题在于:木头、绳子是从哪里来的?在贫困之中的岛上居民怎么可能有工夫来雕刻、搬运这些巨大的石像?为什么又突然停止了这项活动?

可惜的是,在与欧洲人接触之前,拉帕努伊人并无文字,也就没有历史记载可以明确回答这些问题。

扑倒在地

说了这么多,其实最令人不解的,还是岛上这些石像是什么人雕刻的?它象征着什么?人们又是如何将它们从采石场运往几十公里外的海边的?

一种说法是这些石像是岛上人雕刻的,他们是岛上土著人崇拜的神或是已死去的各个酋长、被岛民神化了的祖先。同意这种说法的人比较多。

但是有一部分专家认为,石像的高鼻、薄嘴唇,是白种人的典型长相,而岛上的居民是波利尼西亚人,他们的长相没有这个特征。至于耳朵长,哪种人也不像。

雕塑是一种艺术,总会蕴含着那个民族的特征,而这些石像的造型并无波利尼西亚人的特征。那么,它们就不会是岛上居民波利尼西亚人的祖先,这些雕像也就不可能是他们制作的。

此外,人们再从另一个角度细细地分析,岛上的人很难用那时的原始石器工具完成这么大的雕刻工程。

还有人测算过,在两千年前,这个岛上可提供的食物,最多只能养活2000人,在生产力非常低下的石器时代,必须每天勤奋地去寻觅食物,才能勉强养活自己,他们哪里有时间去做这些雕刻呢?况且,这种石雕像艺术性很高,专家们都对这些"巧夺天工的技艺"赞叹不已,即使是现代人,也不是每个人都能干得了的。谁又能相信,石器时代的波利尼西亚人,个个都是擅于雕刻的艺术家呢?

和很多至今人们无法解释的现象一样,石像不是岛上人雕刻的,而是比地球上更文明的外星人来制作的说法也有。这一说法认为,他们为了某种目的和要求,选择这个太平洋上的孤岛建了这些石像。

旅馆里的餐厅

旅馆走廊

旅馆厨房

旅馆院子里的石雕

旅馆院子里的木雕

旅馆花园里的小姑娘

花园里（一）

花园里（二）

院子里的树雕

1月,是复活节岛的盛夏。要形容天气,一个字就行,那就是:热。要用两个字来形容,就是:多变。刚刚还是阳光普照,转眼就是倾盆大雨。

当地人说,我们碰上的一场从天上往地下倒水的大雨,他们也是第一次经历。这是全球气候变化的结果吗?

我们的运气不错,多半时间刚上车雨就下开了,到了下车的时候又雨过天晴。大自然一定知道我们爱它。

一下飞机就急于把复活节岛的神秘写出来,把在那拍的神像展示给朋友们看。其实我们在岛上住的旅馆也极有特色。不知是来的考古学家、艺术家太多了,有了他们的影响,还是岛上的人天生就具备艺术气质和一定的文化素养?不然,怎么旅馆里随处都是艺术品,不管是厨房、餐厅,还是走廊上、院子里。那一尊尊雕塑带着岛上的神秘,带着岛上的风情。

岛上人对神像的热爱与责任感更是随处可见。如有人稍微越过神像边划的界限,哪怕半步,那可不管是工作人员还是卖艺术品的小贩,马上就会上前制止,态度极为严肃,如同那人犯了大罪一般。

岛上人的奔放也不能不让我们惊异。一位女导游要求在我们合影时她躺在前排人的怀里。这样一来,悔得我们中的男士直叫怎么没坐在前排。为了补救遗憾,女

大雨

傍晚

导游又给了每位男士一个深深的拥抱和迷人的对视。

远帆

夕阳西下

复活节岛的原住民有可能来自中国

显然，摩埃也就是神像，是复活节岛上最引人注目也最使人疑惑的风景。

在复活节岛这块贫瘠、落后的土地上，诞生了大批被当地人称为摩埃的巨大石像。已发现的摩埃有887尊，大多数是在一个采石场雕刻的。其中有288尊雕刻完成之后，曾经被成功地运到称为阿胡（ahu）的海滨祭坛立在上面，运输距离有的远达10公里。有397尊还未雕刻完扔在采石场，其余的则遗弃在运输途中。它们大部分是用比较软和容易雕琢的凝灰岩（火山灰凝

孤独而神秘

固形成）雕刻的，小部分用其他的火山岩雕刻。摩埃平均高度约4米，平均重量约12.5吨。

岛上没有两个摩埃完全一样，但大部分都根据同一个样式雕刻，并总是注视前方。大部分摩埃有长耳朵、大鼻子、薄嘴唇、深眼窝。有的眼窝中镶有用珊瑚做的眼白和深色石头做的眼珠。有50—75尊摩埃顶上还加了一个称为普高的，用红色火山岩做的石帽，也可能是代表头发。

1722年最早上岛的荷兰探险家曾写道："这些石像使我们震惊，因为我们无法理解，这些人没有大木头可以制作任何机器，没有结实的绳子，却怎么可能立起这些石像？"

散落一地

被遗弃的"帽子"

2017年1月19日，我们看到在高的矮的、全身的半身的、躺着的趴着的神像最多的山上，也有一些像是帽子的大石头。

复活节岛石像头顶上的巨型帽子一直是令考古学家不解的谜团。一支英国考古学家小组最终揭开了这个谜团。他们认为，雕刻巨石帽的石料来自一个此前未被研究的采石场，让石像戴上帽子则是一种权力的象征。

只有一尊戴着帽子

戴红帽子的神像

岛上洞穴

研究人员相信，第一批石帽出现于1200—1300年。

远处是大海

据说，岛上洞穴的主要用途是藏人的。当岛上家族间起冲突时，这个洞就用来躲避对方的袭击。当年奴隶贩子来岛上抓人时，有一些妇女就爬进这个洞穴来躲避奴隶贩子。

对于没有爬进这个洞穴里看看，我一直感到有些遗憾。

秘密洞穴的洞口都非常小，往往用一大块火山熔岩就能把整个洞口遮挡起来。哪怕是你走到这块熔岩旁边，不搬动它，

和神像的呼应

你绝对想不到这块熔岩的下面是秘密洞穴。外人到岛上绝对很难发现这些秘密洞穴。

岛民们垒的菜园子

在今天的复活节岛上还能看到岛民们垒的菜园子，被岛民们叫做Manavai，用来种植香蕉或其他植物。这些菜园子一般高1.5米，直径3—10米。它们最主要的功能是能够保持水分，另外还能保护植物不被强风刮倒。据20世纪90年代的一个统计，岛上共有587个这样的菜园子。

在神像散落一山，被人们称为"巨人的墓地"的拉诺·拉拉库火山口，一位当地导游站在一尊卧着的神像旁，指着上面的大石头告诉我们，这是母亲石。

一句"母亲石"，让我们顿生亲近感。拥抱大自然母亲拍照时的感觉是，从那一刻起，多么希望她能一直陪伴着我们。

母亲石下的神像

远看母亲石

人们把拉诺·拉拉库叫做"巨人的墓地"。不过我认为，叫做墓地并不太确切。其实，这里也是巨人们的出生地。据考古学家的统计，整个复活节岛上的887尊石雕巨人，95%出自这里。而在拉诺·拉

有母亲石的那座山

没有腿的神像

拉库火山口内外的山坡上，现在还遗留有397尊石雕巨人，其中的141尊是尚未完全雕好的。

海边山上的神像

母亲石旁

大大小小的未完成的巨人，有的与山体平行，有的与山体垂直，有的斜靠在山体上，有的已接近完成，有的则刚刚开始。

其中有岛上所有巨人中最大的一尊，高21.6米，估计重达270吨，斜躺在山体上，望着这些横七竖八躺着的巨人。

我们不由得惊叹早期的岛民们有着多么执着的信念和坚强的意志。因为与世隔绝，他们没有任何铁器，没有任何金属工具，愣是用石斧、石凿等最原始的工具，雕凿出了岛上近千尊石巨人。

据说雕凿的方式是这样的：先在山体上找好一块适合雕凿的部分，初步雕凿出巨人头部和身躯的轮廓。然后，在轮廓的两侧向山体内凿出一条狭窄的通道，以便人们向纵深雕凿出整个巨人。巨人的眼睛、鼻子、嘴、耳朵和整个头部以及肚子和手臂等部位初步雕刻完成后，只有巨人的后背还与山体相连。人们开始从后背底部的

神像与人

未完成

玄武岩

坚硬的岩石

两侧向中间雕凿。接近凿通的时候，在后背下塞入几个大石块以便支撑住巨人，然后凿通后背中间相连的部分，整个巨人就与山体分离开了。

接下来，工匠们需要将已分离开的巨人送下山以便进一步的加工和完善。送巨人下山的方法很简单。据说，人们事先在山下的土坡挖个坑，然后让巨人坐滑梯似的滑下山坡。当巨人滑入坡下的土坑后，就会停下来斜靠在坑里。然后，工匠们将靠着坑壁的巨人竖起来之后，就可以把粗糙的后背雕凿平滑，把粗糙的耳朵、手臂手指等部分进一步加工得更为精细。这就是为什么山坡下的巨人多数是站着而不是躺着的原因。

山上为什么会有这么多未完成的巨人？难道古人会同时雕凿这些巨人吗？考古学家发现，其中有相当一部分是在雕凿过程中就放弃了。原因是，在雕凿过程中碰到了夹杂在凝灰岩中的坚硬岩石，古人使用的石斧、石凿根本无法对付，所以不得不放弃。有的已接近完成了，但在最后一刻碰上了坚硬岩石，前功尽弃。

醒着和睡着的龙凤宝

好奇

亲吻大地

2017年1月19日，我们在复活节岛看神像时，一对年轻的外国夫妇带着一男一女双胞胎也在。这对龙凤宝贝在父母的带领下，来到大自然母亲身边，那小小的心灵里会留下什么吗？我们中国父母能把这么小的孩子带到旷野中吗？

看到什么

7岁就从中国到了智利，今年刚刚高中毕业，喜欢钻研人类学的年轻人关伟龙告诉我，他写了一篇有关复活节岛的文章：《探索复活节岛——未知的维度》。文中提到，有文献和科学研究表明，复活节岛的原住民有可能来自中国。

文章称，中国古书《山海经·大荒东经》及楚国史书《梼杌》都曾记载南太平洋有"鸟人之国"，其祖先为南越诸部。据说楚国（湖北）和越国（江浙）曾多次南征攻打交趾诸部（今岭南地区），而那些不愿归顺的部落则被驱赶下海或流放到深山。那些被驱赶下海的部落担心拥有相对发达航海技术的楚越两国会追杀他们，所以散落到南洋（马来西亚、印尼、菲律宾等地）以及波利尼西亚群岛（包括复活节岛）。

20世纪90年代末，日本东京大学曾提出验证这一理论，并从法国和法属波利尼西亚找来几位复活节岛原住民，把他们带到中国湖南、广东边界的一个偏远山区。当地居民已在那里定居上千年，并且和湖南广东其他地区的人语言都不通。

但当东京大学学者让当地居民和复活节岛原住民用本民族语言交流时，双方居然都可以畅通对话。经东京大学语言学家考证，很多当地方言的单词和复活节岛土著语相同，并且两种语言互通性超过大部分汉语方言。

目前该理论尚未得到智利政府认可。

据考证，关于复活节岛最早的记载皆出自中国史书及东南亚的一些零散史料。除夏朝的《山海经》和楚国的《梼杌》之外，南宋的《诸番志》也记载过"鸟人之岛"。据说岛民从"人家（即秘鲁，与古汉语'印加'谐音）"购买薯类和玉米，并经南洋商人之手卖到中国。曾有来到杭州朝贡的三佛齐（印尼苏门答腊）贵族介绍说该国商人曾用中国玉佩和印尼蜡染布与"东海诸岛（波利尼西亚，包括复活节岛）"渔民交换番薯和玉米。

早期法国考古学家曾在岛上发现过中式纹饰的玉佩和印尼花式的蜡染碎布。秘鲁史料及传说也指出在古代，秘鲁地区的商人和渔民把自己的农作物卖给"漂在大海上的人"，之后这些海上的人会从"大洋彼岸"带回来神石（玉）和细布（印尼蜡染布）。

目前普遍认为土豆、番茄、玉米、白薯、芋头等农作物就是从这条商路传入中国的。

报纸上的神像

喜庆（汪永基摄）

力量（汪永基摄）

意念（汪永基摄）

寻觅（汪永基摄）

抒情（汪永基摄）

表白（汪永基摄）

仪式（汪永基摄）

在复活节岛，我们看了一场当地人的演出，动作十分简单，穿着却体现着神秘与自然、柔情与野性、力量与激情。我想，这也是一种今人对历史的理解，对当地文化的解读吧。

汪大哥是新华社的高级记者，拍舞台照是专业的，就都用他的照片了。

在复活节岛看日出，会有红红的太阳直接照在神像上。晚上还在下倾盆大雨，明天要看日出，看看我们的运气吧。

鸟人文化

2017年1月20日早上，天还黑着，我们就到了大阿胡，阿胡是祭坛的意思。阿胡通伽利基（AhuTongariki）是复活节岛上最大的，长98米，宽6米，高4米。阿胡高台的周围是大面积的用卵石铺成的斜坡，上面竖立着15尊石雕巨人，它们形态大小各不相同，最高的14米，最矮的5.4米，平均重量达40吨，有戴帽子的，更多的没有戴。

据考古学家推断，在第二历史时期，也就是建造阿胡和雕刻巨人石像时期的鼎盛年代，这座大阿胡上曾经竖立有30尊石雕巨人，但在17世纪末18世纪初的部落战争中，所有的巨人石像都被推倒了。

1960年5月，智利发生的一次大地震所引发的海啸冲击了复活节岛，对这个大阿胡造成了进一步的破坏。巨大的海浪将石雕巨人们冲向内陆，最远的被冲了150多米远。

1992年，智利政府与日本的"摩埃恢复委员会"签订合作协议，整修恢复阿胡通伽利基。日本的Tadano起重机公司运来了起重机，帮助重新竖立起了这15尊石雕巨人。这个最大的阿胡恢复了往日的威风，成为岛上最重要的旅游景点之一。直到现在，岛上的居民说起日本，都还充满着尊敬与感激之情。

复活节岛的月亮

天黑了

天亮了

今天没有日出

我们从早上6点到了这里，开始天是全黑的，慢慢天边的云有点红了。可没过多一会儿，天越来越亮。我们以为虽然不下雨了，可能也没有日出了，那就再好好地拍拍这些神像吧。

哪想到，就在我们心生遗憾时，太阳突然就把天上的云染红了。接着就是金色的太阳照在了神像上。同行的大学生杨昱把日出的那道光，拍得放射在了好几座神像的身上。

云在变化

亮了天的云又红了

影子（汪永基摄）

光的放射（杨昱摄）

神与山对话

太阳又在云里

站着的和躺着的

太阳和云的相交

神像生活的家园

陆地的尽头（行色摄）

海面上有三个小岛

悬崖下不远的海面上矗立着三个小岛，它们分别是莫图努伊岛、莫图伊提岛，和莫图考考岛。

最远最大的是莫图努伊岛

2017 年 1 月 20 日，拍完太阳的光芒初照射在神像上之后，我们来到了复活节岛的拉诺考火山口。这火山喷发地，后来

岛上的建筑

岛上的"鸟人"标准

成了一个大湖。如今,水已少了,成了一片湿地,这在我见过的火山口中,是很独特的。

进入拉诺考火山口的大门,地上的图案是只大鸟。同行的西班牙语翻译、生活在智利的东北小伙任重告诉我们,岛上当年有鸟人比赛,就是要下崖涉水在复活节四个岛中的一个小岛上拣鸟蛋,拣到者为胜者,被称为鸟人。

从我们拍到的照片看,在那么大浪的石头悬崖上比赛,简直是玩命。

拉诺考火山口有当地的一个小博物馆,提到复活节岛的人类文化历史大致可分为三个时期。关于这点,任重是这样给我们讲的:

第一历史时期为史前时期,是波利尼西亚居民的祖先迁移定居到岛上的时期,也包括有可能比波利尼西亚人更早来到岛上的南美印加人祖先逗留的时期(公元1000年以前);

第二历史时期为建造阿胡和雕刻巨

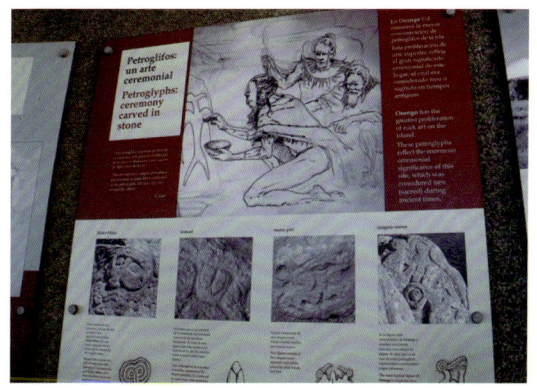

神像的建造史

人石像时期,沿复活节岛海岸边上的那些阿胡和竖立其上的巨大的石人雕像,基本上都是在这一历史时期中完成的(1000—1680年);

第三历史时期为"鸟人"文化时期(1760—1868年)。

神像头后有只鸟

海边石屋

博物馆里的鸟人像

复活节岛号称有四个岛，有意思的是，除了拉诺考火山岛以外，其他的三个岛从照片中我们能看到的都很小，是没有人住在上面的。

复活节岛"书写"的不仅是波利尼西亚人的历史、航海和迁移史，还有岛上的动植物种类、岛上的社会和宗教形态、"鸟人"文化等，也是让今天上岛的人颇为好奇的。

今天，在进入火山口之前的小博物馆里，还可以看到岛民祖先使用的生活用品和工具，有石制和骨制的鱼钩、石斧、树皮衣、骨制缝衣针、贝壳做的项圈等。

我没有到岛上的博物馆之前，就看到有人在网上撰文介绍，博物馆里有一个巨人雕像的头、一段身躯，甚至还有一尊很少见的女性石雕。博物馆的中心展物是1978年发现的，由珊瑚和赭红色凝灰岩制作的巨石雕像的一只眼睛。这是到目前为止所发现的唯一一只比较完整的眼睛，由于博物馆里不允许拍照，我没有图片来具体介绍博物馆里的展品。

我们走在复活节岛火山口，眺望崖下的另外三个岛。只见一片片拍岸的浪花，让蓝色的大海展现了雪的色彩。

任重说起岛上的"鸟人"竞赛，带着神秘，也带着悬念和惊恐。他说，每年岛上海鸟乌燕鸥的繁殖季节，岛上各个部落都会派出一名选手到奥朗戈村。

这些选手暂时住在村里我们今天还能看到的石屋里，等待乌燕鸥到那三个小岛上筑巢生蛋。

当人们看到乌燕鸥飞来后，就会给选手们发出信号。选手们听到信号后，立刻离开石屋，来到面对那三个小岛的悬崖峭壁上。

这之后，选手要爬下这个300多米高的陡峭悬崖，游过近2公里鲨鱼频繁出没的海域。一些选手也许会借助"拖拖拉芦苇"扎成的小筏子，游到莫图努伊岛。他们必须在小岛上找到乌燕鸥下的第一个蛋，然后小心翼翼地带着这枚蛋游回悬崖下。再爬上悬崖，回到奥朗戈村，把完整无损的蛋交给他的部落首领。

任重说，这绝对是一个玩命的事儿，也是充满挑战、危险、死亡的竞赛。每年都会有选手无法返回奥朗戈村。他们不是坠崖而亡，就是葬身鲨鱼之腹。

第一个带着完整鸟蛋返回的选手将成为新的"鸟人",并将成为未来一年的全岛首领,控制和管理全岛的资源和事务。他所在的部落会得到其他部落的贡品,并具有获取鸟蛋的特权。新"鸟人"将在奥朗戈村前的宗教祭拜场地点火主持祭拜仪式。

小岛与大海

这之后,部落首领会小心翼翼地在手心里捧着鸟蛋,带着他的部落,一路跳着古老的舞蹈,从悬崖来到一处专门的"鸟人"住所。

不过,尽管"鸟人"有很大特权,但他的日子并不好过。一旦成为"鸟人",他必须剃掉所有的头发、眉毛,甚至睫毛,头上涂成白色,在特殊的"鸟人"住所里把自己禁闭起来。

除了主持宗教仪式,他平时不得与家人接触,不许洗浴、理发、剪指甲。这样的日子他要过整整一年,直到新的"鸟人"被选出来为止。这种生活被认为是对神的一种牺牲,所以"鸟人"死后会获得很大的荣誉。

白帆

"鸟人"文化的起因,可能是相当一段时间之后,由于雕像时期耗尽了岛上所有的自然资源,岛民的生存十分困难,致使部落之间为了生存,厮杀争战连年不断。最后各部落之间达成共识,分享资源,采用这种比赛来选择首领。

站在复活节岛这三个小岛的对面,望着大海,看着那么陡峭的悬崖,那么浩瀚的大海和那翻滚着的海浪,我在想,"鸟人"要以何种胆量,施展何等绝技,才能取回鸟蛋呀?而且当了"鸟人"后一年的生活,是人过的吗?

火山口"大石碗"的水在减少

悬崖峭壁下就是太平洋

任重告诉我们,拉诺考火山口坐落于复活节岛的西南角。它是岛上最大的火山口,也是岛上三个储存着淡水的火山口之一。火山口的直径约1.5公里,深200多米,火山口就像一个大石碗,碗底是一个淡水湖,水深近9米,曾为小镇居民提供用水。

这石碗外侧的悬崖峭壁下就是太平洋。千万年来强风雨水的冲刷侵蚀,已使大碗的一边出现了一个大缺口。拍照片时我们可以看到,缺口直向太平洋。

在火山口湖的湖面上覆盖着一片片奇特的高大芦苇,叫做"拖拖拉芦苇"。当年"鸟人"比赛时,会用它扎成小筏子。

说起这些芦苇,也算是复活节岛之谜里的一谜。这种芦苇是一种罕见的品种,植物学家称之为美洲淡水芦苇,与秘鲁印第安人在"提提卡卡湖"沿岸用来建造房屋和船只的芦苇相同。

这种美洲淡水芦苇是如何千里迢迢来到复活节岛上的呢?至今也还没有最终的结论。

根据多年前岛上一位神父记载的传说,这种芦苇是当地人最早的一位名叫乌鲁的祖先带来,在这个火山口湖里精心培育的。

挪威著名人类学家托尔·海尔达尔则认为，这种芦苇有可能是在史前时期由古秘鲁人从南美大陆带到复活节岛的。另外有科学家认为，也有可能是鸟类把这种芦苇带到了复活节岛。

不管这种芦苇是怎么来到复活节岛的，它已经成了岛上最重要的植物之一。岛上的先民不仅用它来造船，而且用它来盖房子。它还可以用来编织垫子、篮子和帽子等。

今天的复活节岛是一个草原，没有任何高于3米的树木。植被以灌木、草丛为主。植物学家在岛上只发现了47种土生土长的高等植物，大部分是草本、蕨类，只有四种矮小的灌木。

本地的动植物十分贫乏。对花粉沉积物的分析表明，在本地人垦居时发生大火以前，岛上有乔木和灌木，其中包括大智利棕榈树。

目前，岛上只有31种开花的野生树木，14种蕨类植物和14种藓类植物。贫瘠土地上长有草和小的蕨类植物，而布满沼泽的火山口湖则被两种进口的植物密密覆盖：拖拖拉芦丛（一种重要的建筑材料），和有尖的蓼属植物 Polygonum acuminatum——一种药用植物。

对岛上植物的研究发现，在欧洲人来到以前，这里也引进了一些栽培的植物，部分来自美洲，部分来自大洋洲的波利尼西亚。其中主要品种是甘薯，在种植园中广泛种植，为居民主要食粮。最早输入的品种还有葫芦、甘蔗、香蕉、芋头、薯芋和两种有用的树木。一种是亚洲的纸桑，树皮可用于制布。一种是 Triumfetta semitriloba，树皮可制绳。

研究者还发现，早期岛上野生动物中，除了外来的老鼠和一种小蜥蜴可能是本土的之外，没有任何一种大过昆虫，甚至没有本土的蝙蝠和陆地鸟类。至于家养动物，则只有鸡。

1870年，外国牧场主开始经营商业性牧场饲养后，在大约100年的时间中，绵

由石片垒成

羊特别多。在20世纪80年代中期，绵羊饲养告一段落，但牛的饲养业繁荣了。穴居于山洞的大野猫，则不清楚是怎样传入的。

自1880年以来，野生动物中又增加了智利鹌鸡、鹌鹑和一种小鹰。海龟和海豹现在是珍稀动物，海岸周围有龙虾和各种沿海的和深海的鱼类。

往事化为废墟

石屋小门

远处的房子是对鸟人的犒劳

今天拉诺考岛地上的一堆大小不等、形状不一的石片，其表面都很平整光洁，任重说这是经过雕琢加工的。

这种石片垒成的建筑，垒建得平整有序，过去是一堵堵平整的石墙。任重说这些石墙的下方有些很小的方形开口，那是石屋曾经的窗户。往里望去，里面黑洞洞的。

靠着火山口的悬崖上有一栋石屋是独立的。和岛上很多这样的建筑相比，它更大，更坚实。任重说：这栋房子，是对取到鸟蛋的鸟人的犒劳。

可是，岛上这些房子，在今天的我们看来，出入的门那么小，当初的人就是从这些小入口进入房子的吗？因为这么小的入口，要爬着才能进去。即使爬进去也不是太容易，恐怕是需要一定技巧的。

在这样的房基上盖的房子被岛民叫做 HarePaenga，英文是 Boat-shapedhouse，意思就是"船形屋"。在整个复活节岛上，据估计有多达 3000 个这种船形屋的基础。20 世纪 90 年代的一个研究统计，共记录了 1048 个船形屋基础。

船形屋只是用来睡觉的，屋内没有任何家具。岛民们都睡在地上，铺的盖的都是草，枕的是光滑平整的石头。那些搭建在阿胡附近的船形屋，都是给酋长、族长、家长等在家族里有很高地位的人住的。一般的家庭成员只能住在远离阿胡的船形屋里。一般的船形屋基础长 10—15 米，宽 1.5—2.5 米。而现在我们看到的这个阿胡旁的船形屋基础却十分特殊，竟然长达 40 米，是全岛最长的一个。我猜想当时它一定是给什么特别重要的人物居住的。

今天的研究证明，波利尼西亚人的船形屋是用茅草和芦苇盖的。石头屋与波利尼西亚人的船形屋截然不同。但是，是什么人选择在这火山口旁的悬崖峭壁上建造这些石头屋？他们又是从哪里来的？

在这个火山口旁还藏有多少秘密？

任重说复活节岛曾经住过 6000 人，可是对考古颇有研究的汪大哥却认为，从岛上现存的遗迹看，这里住不了这么多人。那会不会是来参加比赛、观看比赛的人来时住在这儿的呢？太平洋上的孤岛，当年的人又是怎么来的呢？

各类工艺品

把复活节岛的礼物带回家

远眺大洋

今天的岛上,来自世界各地的游人心怀不同向往,把疑问与想象带回家。会吸引更多的人来探秘吗?

还有,那一尊尊大大小小的工艺品神像摆在家里,遥远的神秘,可能还会让我们对古代文明有不断挖掘的思考。

这也是旅行与旅游的不同吧。最后校定这篇文章时,我的眼睛还不时地盯在我从复活节岛带回来的神像工艺品上。

周游世界的诗人

在智利的最后两天,我们去了圣地亚哥的博物馆,也去了离圣地亚哥两个多小时的海边,诺贝尔文学奖得主巴勃罗·聂鲁达,智利当代著名诗人的故居。

当过外交官,周游过世界的这位诗人的家里,有太多的珍藏。从船头的雕塑,到各种航行中要用的锚。从各种乐器,到酒瓶子里的船。从宝石到贝壳。

故居严格不准拍照,那些珍品只能记在心里。不过在故居,我买到一本介绍诗人部分收藏的小书。

聂鲁达

诗人聂鲁达

聂鲁达藏品（一）

聂鲁达藏品（二）

聂鲁达藏品（三）

陪我们到故居参观的智利年轻华人关伟龙指着故居书桌上一只精致的蜡制的手说，这是聂鲁达在其夫人去世后做的。有了这只"手"后，他再写作时，一只手握笔，另一只手就握着夫人的"手"。

可惜，小书中没有那么动人的那只"手"。因为觉得诗人情怀的感人，隔着窗户，我拍到了这只"手"。

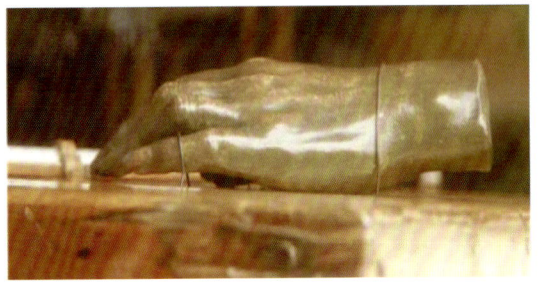

夫人的"手"

名作《二十首情诗和一首绝望的歌》，自此登上智利诗坛。

聂鲁达的一生有两个主题，一个是政治，另一个是爱情。他早期的爱情诗集《二十首情诗和一首绝望的歌》被认为是他最著名的作品之一。

故居的大床

故居外景（一）

创作间的窗外景色

故居外景（二）

坐在窗外一片绿色、床前一片海天中创作，是一种什么心情呢？在聂鲁达故居参观时，我试图想象着诗人当年写作时的心情。

聂鲁达13岁开始发表诗作，1923年发表第一部诗集《黄昏》，1924年发表成

故居外景（三）

聂鲁达藏品（四）

聂鲁达坐像

聂鲁达从1927年起在外交界供职，先后任智利驻科伦坡（1928）、雅加达（1930）、新加坡（1931）、布宜诺斯艾利斯（1933）、巴塞罗那（1934）、马德里（1935—1936）的领事或总领事。

在马德里期间，他主办《绿马诗刊》。这时期的主要诗作是《大地上的居所》。

第一卷发表于1933年,反映了"一个移植到狂烈而又陌生的土地上的外来人的寂寞"。第二卷发表于1935年,色彩已经较以前鲜明。1936年6月,西班牙内战爆发。他坚定地站在西班牙人民一边,参加了保卫共和国的战斗。1937年发表诗篇《西班牙在心中》。他奔走于巴黎和拉美之间,呼吁各国人民声援西班牙人民的反法西斯斗争。1939年3月,他被任命为驻巴黎专门处理西班牙移民事务的领事,全力拯救集中营里的共和国战士,使数以千计的西班牙人来到拉丁美洲。反法西斯战争的洗礼改变了聂鲁达的诗风。

1943年11月,聂鲁达回到圣地亚哥。不久,在黑岛买下了一处别墅,着手创作他最重要的诗作《漫歌》。

1945年是聂鲁达的一生中难忘的一年:他当选为国会议员。1946年智利共产党被宣布为非法组织,大批共产党人被投入监狱。聂鲁达不得不中止《漫歌》的创作。他的住宅被放火焚烧;他本人也遭到

看海

故居内景

聂鲁达晚年

反动政府的通缉,从此被迫转入地下,辗转在人民中间,继续从事创作。在此期间,他完成了《1948年纪事》和《漫歌》两部长诗的创作。

聂鲁达藏画(一)

聂鲁达藏画(二)

聂鲁达藏画(三)

聂鲁达藏画(四)

聂鲁达对中国和中国文化很有兴趣,一生中三次到过中国。1951年他作为外交官赴缅甸上任途中,最后一次来中国,给宋庆龄颁发斯大林国际和平奖。此行中,他还见到了茅盾、丁玲、艾青等文学界名流,进行友好交流。在访问中国时他得知自己中文译名中的"聂"字是由三只耳朵(繁体字"聶")组成,于是说:"我有三只耳朵,第三只耳朵专门用来倾听大海的声音。"

聂鲁达藏画(五)

聂鲁达和夫人(一)

聂鲁达和夫人(二)

聂鲁达藏品(五)

聂鲁达的诗:

1. 我不再爱她,这是确定的,但也许我还爱她。爱情太短,而遗忘太长。

2. 有时候我在清晨醒来,我的灵魂甚至还是湿的。远远的,海洋鸣响并且发出回声。这是一个港口,我在这里爱你。

3. 我喜欢你是寂静的。仿佛你消失了一样,遥远而且哀伤,仿佛你已经死了。彼时,一个字,一个微笑,已经足够。

4. 你不像任何人,因为我爱你。

5. 在双唇和声音之间的某些事物逝去。鸟的双翼的某些事物,苦痛与遗忘的某些事物。

6. 沉睡在你灵魂上方的事物,将会从我的嘴里上升到天空。

7. 我们甚至失去了黄昏的颜色。蓝色的夜坠落世界的时候,没有人看见我们手牵着手。

8. 倚身在暮色里,我朝你海洋般的双眼,投掷我哀伤的网。

9. 我已用一生的无眠织就这树叶中的庇护所——你的手居住、飞扬其间。

10. 于是日子将天堂的网织了又拆,用时间,盐分,耳语,成长,道路,一个女人,一个男人,以及地球上的冬天。

11. 这么亲密,我的胸上你的手就是我的手,这么亲密,你带着我的梦闭上眼睛。

12. 我爱你,像爱某些阴暗的事物,秘密地,介于阴暗和灵魂之间。

聂鲁达的"游艇"

13. 我想要吃掉你的皮肤像吞下一整颗杏仁。我想吃掉你睫毛上稍纵即逝的阴影。

14. 我喜欢你的沉静,仿佛你并不在场。你从远方听我,我的声音触不到你。

聂鲁达是拉美文学史上的伟大诗人。

有人说聂鲁达一生有三个主题,除了前面说的政治、爱情以外,还有革命。聂鲁达把这三个主题都演绎得淋漓尽致,推向堪与马丘比丘高峰试比高的高度。他的爱情是与他的爱情诗互为一体的。他的成名作《二十首情诗和一首绝望的歌》,第一首就是《女人的肉体》,还有他的《我的船长》《爱情十四行诗一百首》,都是

聂鲁达故居一角

爱之绝唱,在全世界引起长久的回声。

人们对聂鲁达的爱情诗和跌宕起伏的传奇人生感兴趣的同时,他的《西班牙在我心中》《逃亡者》,以及众多反抗不公不义的诗篇也很值得怀念,即使他在涉及意识形态方面并非无可挑剔。

聂鲁达的作品之所以能长期受到广大读者的欢迎,是因为他是写人民的,尤其在进入成熟期之后,所描写的都是时代的重大题材,如西班牙内战、智利人民的斗争、苏联人民的卫国战争、拉丁美洲争取民族独立的斗争、各国人民保卫世界和平的斗争等。在将政治生活转化为诗歌的过程中,他注意保持语言和形象的艺术魅力,

聂鲁达藏画(六)

将现实的政治内容与他所熟悉的各种艺术形式结合起来。

鱼铺

聂鲁达故居壁炉一侧

南美之旅后会有期

走了一趟南极，该写的差不多都写了，手机里的一些照片却还不时地被翻到。

对于生活在地球最南端的孩子们，拍了真不少。可惜没有时间把他们的美、他们的可爱与朋友们一起分享。

还有，同样是陶瓷，南半球的匠人们做出来的物件和我们的风格，怎么就这么不一样？

这些陶瓷小人，在我们中国今天的酒吧饭店前也会"把门"。在中国多少钱一个我不知道，在智利这半人高的瓷人，买一个合人民币不到100块。

陶瓷小人　　　　　　陶瓷黑人

盘子上的太阳神，色彩斑斓，形状夸张，让人联想……南半球的风，吹到身上，诱你着狂。

陶瓷男女

墙上挂的锚,竟然也是陶瓷的,售价合人民币25元。物美价廉,一样"远航"。

真正的艺术,养的不仅是眼,是心,还有修养。我从中挑出所爱,带回遥远的家,将它们与亲人、朋友一起分享。

都是陶瓷做的

盘子上的太阳神

铺子里的陶瓷制品

陶瓷锚链

镂空陶瓷

藤草制品

南极之旅的最后一天，本想到圣地亚哥总统府参观。可惜那天有国事活动不对外开放了。去了总统府旁边的艺术中心，那天展出的是毕加索的作品，当然不能拍照。据说中国的不少展览都在这里展出过。

那天让我产生兴趣的，还有在艺术中心美术班课堂上的老师竟然抱着自己的孩子上课。当学生画好后给她看时，他们之间的交流，让人看着好舒服。

从画中看，这些孩子们的创作真的富有想象力。

孩子的作品墙

其中一幅作品

抱着孩子上课

看看我画的

创造艺术作品

贴画

仅让我用镜头记录,也留在心里和记忆中。

此行最后两张照片,一张是在一个海边的小餐馆里拍的,墙上包括厕所的门上

这几张孩子的照片,都是在我问:"可以拍你吗?"随后他们马上摆出的样子。自然吗?可爱吗?这样的自然、这样的美,不

欢迎

装饰厕所外墙的瓶子

街上的书摊

都用五彩的瓶子装扮。除了颇感别致以外,也符合我这个环保人士的口味——废物利用。另一张是圣地亚哥大街上的书摊,看的人不少。

南极的冰川、企鹅和火地岛、智利蓬塔的大风和神秘的复活节岛,短短的时间里给了我们那么多的新奇与快乐。希望这些照片和文字不仅留在我的心里,你看后也会留下印象。

南极,南美——后会有期。

流连哈瓦那——众说纷纭的古巴

哈瓦那是世界上文化最多元的城市之一

说到古巴,第一反应——那是当今世界现存的五个社会主义国家之一,有这一想法的人所占比例不会少。而知晓古巴首都哈瓦那是世界上文化最多元的城市之一的人,恐怕就不多了。

政治的符号,多元的文化,让我们还没踏上古巴,就对这个加勒比海上的群岛国家充满好奇。

绿色的河边

2017年10月下旬,古巴天气越来越热。我们到的第一天是10月23日,感受的那份热不仅是气候,还有热情的古巴人。

绿色的街道

四星级宾馆吧台

我们住的宾馆可以用得上"豪华"这个词，免费的早餐甚至比在加拿大十多天吃的任何一顿早餐都丰富。服务员周到地给你端来水，撤掉盘子，一切都做得那么自如，脸上自自然然地带着微笑。这是一个靠供给制生活，老百姓的日子还很穷的国家吗？第一顿早餐让我们有了更多的好奇。

古巴现在用的是两种货币。本国人用土比索，外国人要用红比索。100美元可以换80多个红比索，还挺值钱。

上了街以后，一种被称为老爷车的红红绿绿的小轿车给马路平添了几分古朴与现代的融合。大海、蓝天、白云、古老的建筑和满街跑的老爷车，这是我们第一天对古巴的印象。

哈瓦那街景

坐在老爷车上

我们的导游杜丽亚是个漂亮的姑娘，在北京语言学院（现北京语言大学）学了四年中文。她特别强调是国家花钱让她去学习中文的。尽管曾经也有离开古巴的可能，但是她说：我的父母都没有钱送我出去读书，是国家送我出去留学的，我应该留在国内为国家工作。

这种为国家效力的思想，是只有社会主义国家培养出来的人才有的吗？

太多的疑问希望在杜丽亚那儿找到答案。我们首先问的是生活。那么丰富的早餐，古巴老百姓显然是吃不到的，但老百姓吃什么呢？我们知道普通的古巴人现在每个月平均工资只有20美元左右。

街心花园

杜丽亚告诉我们，古巴政府每个月给每个人，不管是老人还是孩子，配给6公斤大米、2公斤面粉、5斤鸡肉、4斤牛肉馅、白糖和红糖各一包、盐一包、油半斤、咖啡一包。对老人和孩子还会给些鱼。

这些食物也不完全白给，要付点钱。多少呢？古巴的钱折合以后合0.87美元，但是只够吃10天的。如果以四口之家来算，买这10天的食物需要20多美元。那就是普通百姓一个月的工资呀。我们问杜丽亚，那剩下的20天吃什么呢？

杜丽亚说，现在的古巴人都会找第二职业，做点小买卖。此外，每个家庭的近亲中一定有在美国或其他国家工作的，每个月也会给家里寄些钱来。

我问古巴的今天有吃不饱的人家吗？杜丽亚很肯定地说：可以吃饱，只是没有那么丰富和富裕。

平等，是杜丽亚和我们接触的五天中对自己国家说得最多的一句话。她认为国家实行供给制很公平，没有暴富也没有赤贫。她说，古巴特有的咖啡、雪茄、朗姆酒就是人民的财富；而且国家实行免费教育和免费医疗，这都让生活没有什么压力，靠这些过得很幸福。

我们问：供给制没有竞争是不是养了很多懒汉呢？还问：如果要生活得富裕，就不能只靠国家，还要靠个人有选择地工作与生活。这样看来，古巴目前的这种制度是不是可以改变呢？

对于这些问题，杜丽亚认同，但只是笑，并没有太多自己的想法。唯一的怨言是美国对古巴经济的封锁。如果没有这些封锁，古巴会生活得很好。其实我觉得，古巴人找第二职业努力挣钱，也让自己的生活和不努力挣钱的懒人有了不同。

杜丽亚已经30多岁了，有男朋友。他们原来希望攒钱买了房子再结婚，现在改主意了，把买房子改成买老爷车。因为男朋友是厨师，一个月的工资依旅游淡季和旺季比一般人高一些，有30—70美元，但开老爷车拉游客一天就能挣50多美元呢。

杜丽亚说，对古巴人来说买房子也不算太贵，郊区2万美元就能买80平方米的住房。城里、繁华地区，5万至10万美元也能买到。有了海外来款，买房子对今天的古巴人来说不是梦想。

街头雕塑

小姑娘

我们这些问题和她的回答，只是到古巴半天来的了解。要想更多地了解古巴，我们还有四天时间。

古巴，意为"肥沃之地""好地方"。哈瓦那是世界上最有活力的城市之一，古巴作为社会主义国家，在被封锁的状态下能撑这么久实属不易。

以自己在国外有亲戚而自豪

一些人到了古巴后说,那里相当于中国20世纪六七十年代的生活水平。但是也有人认为,今天古巴的生活还是比我们那个时候好过。

牛车很常见

貌似新建筑

有意思的是,去古巴旅游的中国人越来越多了,可去了之后的感慨却很不一样。有人立刻成了"古巴粉",认为那儿的自然风光好、文化生活丰富、人热情,充满活力。

也有的人对哈瓦那第一印象是破落;第一反应:月工资只有30多美元,太穷了,等等。

还有人这样评价:古巴是一个发展中国家,发展速度非常慢,年经济增长率也就是2%左右。如果在古巴待的时间短,是体会不出古巴的发展状况的。只有在古巴长时间生活才能体会到古巴的确是在发展,但是速度非常非常慢。变化是有的,但是没中国这么快,好像大城市几个月不去就会变样。

古巴基础设施建设尤其如此。比如哈

在想什么

瓦那大学旁边的那条街,50年前什么样,现在基本上还是什么样。生活上是在慢慢好转。如果有钱,也能生活得不错,肉蛋奶都能买到,尤其是在首都哈瓦那,但是价格会很贵。

在哈瓦那,我们住在一个四星级宾馆。前台服务员会讲中文,在我们买网卡用网卡上网时她给了很多帮助。退房的时候,我把房间里的一个大瓶矿泉水给了她。她满脸惊喜,一再地说:谢谢!谢谢!

一位在古巴生活了三年半的中国人在网上介绍说:古巴人购买基本生活资料是配给制的,也就是购物本(古巴人叫libreta),包括最基本的米、油、豆子(古巴人的主菜)、肥皂、香皂、鸡蛋、盐、糖、给未成年人的奶什么的,都是凭这个本供应。

在古巴的外国人就没这个本了。凭这个本,在指定商店里买东西的价格十分便宜,比如鸡蛋才合人民币不到5分钱一个。但这是限量的,如果买完了本上的量还想要的话,就要去自由市场(农贸市场)买了。价格会比这个商店里贵很多,但还是承受得起。同样以鸡蛋为例,农贸市场的大概合人民币五六毛一个。

古巴人心态比较平和,因为贫富差距没那么大。按工资来说,低工资的一个月大概是五六个美元,高工资的也不过一个月20美元左右,平均工资在10美元一个月。因为有供给制,所以这点收入是能够保障基本生活的。

要说古巴的福利,和中国有一拼吗?在古巴,教育和公共卫生是大量投入。在古巴的外国留学生也可以享受免费医疗待遇。在古巴,中国同学做过手术住过院,真的是一分钱都不要;而且买药也很便宜,老百姓都能承受得起药价。

古巴的交通发展很慢,因为美国封锁,

船上螃蟹宴

能进口的石油很少，主要是委内瑞拉供应。所以古巴和我国刚刚改革开放时一样，汽车票、火车票都很难买，主要出行方式之一是搭顺风车。

也有些方面古巴却并不是很落后，比如在那里的租车行能租到很好的车。

墙饰

古巴有一点与我国当初不同，就是对古侨的态度。古巴也限制偷渡去美国的人，抓住了也会送回来。但是送回来之后，只是登记一下，在公安部门备个案，有案底就是了，没什么处罚，当然其亲戚等就不能在政府机关等重要部门担任重要职务了。如果真偷渡成功，到了美国，干了几年发达了，古巴是欢迎这些人给国内的亲戚汇款的，也欢迎他们回国探亲、旅游、投资，毕竟是给古巴带了钱来。古巴人也以自己在国外有亲戚而自豪。

约三分之一的古巴家庭在美国有亲戚，收到的汇款抵消了制裁带来的一小部分损失，但由于移民的种族构成（白人为主），黑人家庭普遍在消费上处于一定的弱势。

古巴的旅游业是比较发达的，是第一大创汇产业。感觉他们的旅游业某些方面比我们要成熟，做得很不错。

但是总体上，古巴经济还是比较落后的，还是以计划经济为主，限制私人经济。个体户是有的，但是只限于有限的几个行业；而且经营规模不能扩大，税也很高。古巴没有私营经济，私人是不能开工厂或者公司的。与古巴做生意只能和国营公司

街头小店

做，没有能够自己做进出口贸易的私人公司。

知道我在写古巴纪事，在古巴工作过三年的一位朋友特意发来她的看法：古巴对私有经济的税收管理很严格，老爷车的每小时收费可能几乎一半要上交国库。国家依靠对私有经济的高税收保持社会的公平。

古巴的教育、医疗全都免费，公有住房低租金或者几乎免费，由国家投入。看不到贫民区，也没有官员的优惠住房。部级领导配的专车是拉达，国家发给有限的汽油票。

有点让人没想到的还有，政府机构蓝色车牌的小轿车或面包车在上下班期间，车上如有空位，都要搭载路边招手搭车的普通市民，以缓解公交车压力。这里强调公平、平等，很少见到特权。

落日后的海边

水清草绿

对一个国家的了解需要时间，更需要对比。我的古巴纪事在继续。

古巴，让人不解；古巴，让人痴迷

这两天一边写一边在网上发古巴纪事，我收到两条朋友发来的微信。一条是："呵呵，中国人能站在富裕的制高点上俯视古巴的'贫穷'啦。"

我喜欢这条微信。是啊，我们自己才富了几天呢？而下一条是让我看了有点意外的：

"老卡（卡斯特罗）有很多感人的地方，比如2006年古巴给中国西部贫困地区的单方面奖学金项目，是2005年老卡跟中国教育部签署的，是针对中国中西部落后地区的一个互助项目。这个项目一共培养了3000多名中国留学生，专业为西班牙语、旅游、教育、医学、护理；医学护理800多人。

"2005年中国经济的发展水平是什么样我们知道，古巴是什么样我们不知道。

"那时中国有3000名大学生到古巴免费上大学，他们的免费待遇是和古巴学生一样的，免费食宿，免费教育，免费医疗！可是我们的教育部门在执行这个项目时走样了，他们并没有把这些免费名额给我国中西部贫困的学生，而是给了高考成绩优异的，想出国留学的西部省份的学生。他们的家长不知道古巴生活水平的现状，许多独生子女是在蜜罐里长大的，根本不知珍惜这个难得的学习机会，反而忍受不了古巴简单朴实的生活，向教育部提抗议。教育部留学基金委不得不按公派留学生的待遇给这些学生发生活补贴，每月200欧元。可是古巴的教授每月工资也就相当于30—40美元。

"学生有了补贴更不专心学习，有做小生意的、倒卖玳瑁制品的、卖烤肉串的、倒卖药片的、倒卖雪茄的，应有尽有。为应付考试想尽办法说服老师，通过考试。可是古巴的老师不想让一个学生掉队，他们不要额外报酬，也会认真对待学生的每个提问或者咨询。

"中国有的学生的不良行为造成了非常坏的影响。他们怎么对得起资助他们学习的古巴政府、古巴人民，还有老卡对中国贫困学生的支持？我真实地接触过一个学生因为倒卖玳瑁甲片被控刑事犯罪的案例，非常可惜。也感叹中国学生给古巴这块净土带去了什么？"这位在古巴工作了三年的朋友说。

老建筑

慢生活

小憩

小摊

朋友还很感慨地和我说："古巴人有太多值得我们学习的品德，他们对教育、文化的崇尚特别值得我们学习。古巴几乎没有文盲，而在南美做生意的中国商人中就有文盲，中文大字不识，你相信吗？在古巴哈瓦那国家剧院欣赏一场芭蕾舞，古巴公民只需要付8个土比索（一个红比索兑换24个土比索）。可是在北京，有多少普通人去看芭蕾舞？票价是多少？"

有人认为社会制度决定了他们古巴的贫穷，大锅饭导致了经济发展速度很慢。也有人说，古巴的穷完全是因为美国的封锁。在和这位朋友交流中，我了解到不少关于古巴教育的数字。不管怎么说，40年古巴教育支出常年占财政支出的一成左右。学生完成九年制义务教育后，可通过考试升入大学预科学校或职业技术学校。落榜考生当年有一次补考机会。各级学校均为公立，一律免学费和书本费，还免费提供伙食和校服。

如今古巴的识字率达99.9%，领先全球。高等教育机构共63所，包括大学、专科学院、高等师范院校和高等职业院校。建于1728年的哈瓦那大学是古巴最重要的高等学府，包含经济学、自然科学、人文科学等领域，有14个研究中心。由古巴高等教育部运作的远程教育系统，为农民提供下午和晚间课程。

上学去

来古巴实行全民公费教育制度，九年制义务教育，学制与中国大体相同。全国有63所高等教育机构。

古巴1100万人口中，每14个人有一个是大学毕业，450万就业人口中，平均每6人就有一人为大学毕业。

古巴的教育特点是：教育与社会、国家发展相结合；重视德育；国家分配。

酒店大堂里的女士

革命造成大批教师移民国外,由此带来师资紧缺。为此,古巴政府在城乡建立起一批师范学校。政府还将巴蒂斯塔统治时期的69座兵营改建成学校。到20世纪60年代末,教育得到普及。

看到外国人

2000年初,联合国教科文组织在一份报告中赞扬古巴小学生的语言课和数课成绩在被调查的13个拉美国家中得分最高。2002年初,古巴政府提出新的教育体制改革计划,要求将每班学生数缩减至15—20名,在各教室配备电视,在各级学校中开设计算机课,并对高中生进行更加直接的专业教育。

在古巴,教育强调政治意识形态,"勤奋、自律、爱国"是所有中小学的校训。有特色的小学课程包括舞蹈、园艺、健康卫生、古巴革命史、棒球和国际象棋。

两个小男孩

城市中学生要定期到农村寄宿，参加收获农作物的义务劳动。农村基础中学实行半日学习、半日劳动制。

古巴的教育也面临一定的困难，比如教材等教学用品的缺乏。学生用完教材后，需将其交给下一届学生继续使用。

我们在古巴连头带尾总共只有五天的时间，不可能深入了解。但是发来短信的朋友在古巴工作了三年。我们去之前，她说的一句话让我记住了："待了三年还没有待够。"

没有待够，有古巴自然与文化这两种遗产丰富的关系，但是一定也有古巴有太多的东西值得我们去思考的关系。一个穷字，无法定论今天的古巴。450万就业人口中，平均每6人就有一人大学毕业。这可是实实在在的数据。

连续几天写古巴之行，引起了很多争论。古巴确实是一个值得争议、值得回味的地方。一个朋友推荐了一个视频，是北京电视台采访中国前驻古巴大使谈古巴。

大使说的一个例子让我很感慨。他说曾经请古巴外交部长吃饭，但是人家拒绝了。为什么呢？外长说："如果我吃你的饭，那么这种饭我天天都可以吃，如果天天都吃，那么就拉开了与老百姓的生活距离。"大使曾经去过古巴一个副总理的家，家门口没有警卫，家里也没有佣人，家里的住房和普通居民的在一起。

从北京电视台采访中国驻古巴大使的节目看，在古巴当官简直就没有什么特权呀！

古巴确实是一个值得争议、值得回味的地方。

古巴：音乐、作家和雪茄

古巴穷，古巴还靠供给制生活，古巴挣的工资那么少，这都是我写古巴纪事后有些人和我争论的焦点。意思是说，古巴这样的国家比我们今天的中国差得太多了。别的不敢说，有一点我敢说我们不如古巴人，那就是能歌善舞。在古巴，不管是街头，还是任何公共场合，或是午餐晚膳，歌舞随时在你身旁。

我们在古巴吃第一顿午饭时，有一位怀有身孕的女士和旁边的男歌手一起深情地唱着一首首歌，而且唱之前和高潮处用口哨来渲染气氛，感人至深。

舞台上

古巴音乐是西班牙民族音乐和黑人歌舞文化的混合产物。颂乐是音乐形式的中心，在此基础上衍生出许多其他音乐风格，如萨尔萨、恰恰恰、伦巴、曼波舞曲，等等。

我们有多少人知道，三弦、吉他就诞生在古巴，而刮瓜、马林巴和崩歌鼓则是源自非洲并传入古巴的乐器。

早期的印第安原住民在殖民统治时期几乎消失，唯一留下的音乐遗迹是名为沙槌的打击乐器，也是其他拉丁音乐的主要乐器。

除了节奏复杂、变化多端的古巴非洲音乐，重曲调变化、轻节奏变化的瓜希拉音乐（乡村音乐）是古巴传统民间音乐的另一种主要类型。它保持着浓郁的安达卢西亚音乐风味，村民多喜欢以这种音乐形式来议论政治。融入颂乐节奏的爱国歌曲《关塔纳梅拉》是流传最广的瓜希拉音乐。此外，自20世纪90年代起，雷鬼日益普及。

海边夕阳

路上扫拍

古巴革命胜利后产生的新吟游歌谣颇有影响力。这是一种政治性很强的音乐，由歌颂爱情发展到记录重要事件,甚至成为一种宣传武器,与拉丁美洲的重大政治事件紧密联系在一起,代表作品有《要古巴,不要美国佬》和卡洛斯·普埃布拉为送别格瓦拉而作的《永别了,指挥官》。

远处是海明威故居

老人

在哈瓦那,我们看到了海明威创作《老人与海》的地方,那是一栋公寓楼。

海明威在1939—1960年间定居古巴。可以说他"亲历"卡斯特罗领导的古巴革命,那场长达五年半的革命最后推翻了美国支持的巴蒂斯塔王朝。

卡斯特罗本人是狂热的文学爱好者。作为文学爱好者的革命领袖,应该不会不知道在他领导的革命胜利之前那30年里,已经用自己的文字一次又一次地征服过世界的作家,正生活在他自己刚刚征服的土地上。那海明威与卡斯特罗究竟有没有关系?或者有什么关系?

2002年11月11日,这一天,世界上

唯一的"海明威故居博物馆"在古巴正式对外开放。卡斯特罗"即兴"地出现在开馆仪式上。

卡斯特罗首先感谢海明威在他的祖国的居住和创作。他用浪漫的措辞概括海明威与古巴关系最为密切的作品《老人与海》，称这部出版于1952年的作品"前所未有"。

接着，卡斯特罗继续他的文学批评。他强调海明威的作品不是小说，而是历史，并引用其中的名句："你们可以给我定罪，但是历史将会赦免我。"卡斯特罗宣称，不懂得历史就不可能知道"人的局限"。

卡斯特罗还谈起了他与海明威仅有的那一次见面。那是革命刚刚胜利不久，卡斯特罗应邀参加了由海明威组织的为期三天的捕鱼比赛。他因为"碰巧"捕得一只巨大的枪鱼而获得了比赛的一等奖。年轻的革命领袖从心仪多年的"老人"手上接过奖杯的瞬间被历史记录下来。

对自己与海明威仅有的这一次见面，卡斯特罗深有感慨。他说，人们总是相信来日方长，而等待的结果通常是意想不到的遗憾。两年之后，海明威自杀身亡。那意想不到的结局会在视死如归的革命家心里激起怎样的震荡？

卡斯特罗说，后来他只能与悬挂在办公室里的海明威的照片长谈了。那是海明威与一条枪鱼的合照。卡斯特罗肯定，照片中那巨大的枪鱼就是出没在《老人与海》中的那"不可战胜"的"英雄"。

当海明威抵达荣誉的巅峰，获得1954年诺贝尔文学奖的时候，卡斯特罗正在巴蒂斯塔王朝的监狱里等待着希望渺茫的"赦免"。生活和文学都充满英雄气概的海明威曾经说："人可以被毁灭，但不可以被战胜。"这豪言壮语无疑也可以看成是对身陷囹圄的革命领袖的赞美。

在得知诺贝尔文学奖的获奖消息之后，海明威是用西班牙语而不是母语接受

晾晒烟叶

第一个采访,并在采访中强调自己作为一个"普通的古巴人"为获得这项文学的殊荣而自豪。他说要将这殊荣献给不为人知的"祖国"。

在古巴,我们去了一户供参观的雪茄种植户。我们知道,在古巴,农民种什么由政府决定,而且种植的雪茄90%要交给国家,自己只能留10%。我们看了雪茄是怎么用一片片烟叶叠起来挤压而成的。

古巴是当年欧洲人发现烟草的地方,至今仍出产最好的烟叶和最著名的雪茄。古巴文化深深地扎根于醉人的烟草香味之中。古巴人每年要吸掉2.5亿支雪茄,另有6500万支出口国外。大部分古巴雪茄都是手工卷制的,以保持其上乘的质量。

雪茄、咖啡、朗姆酒,是古巴人的骄傲。这户农家自己种植、制作雪茄。在他家的时候,他一再地告诉我们自己生活得很快乐。

真的快乐吗?谁的家谁自己知道。

只要有浪漫的理想就有切·格瓦拉

在古巴有一条规定,在所有的广场上

制作雪茄

切·格瓦拉(一)

都一定要有卓越的诗人、民族英雄何塞·马蒂的塑像。卡斯特罗有一条命令,就是在公共场合不出现自己的塑像。但在古巴,大街小巷都有切·格瓦拉的身影,最多的是在各种市场上印有切·格瓦拉头像的T恤。

其实,在中国,印有切·格瓦拉头像的T恤也是随处可见。为什么他如此吸引世人?

"切·格瓦拉如果活到今天,该是90多岁的老人了,但他永远年轻。不是因为他死得早,而是因为他死在浪漫的理想之中。"——香港文人梁文道如是说。

切·格瓦拉(三)

只要有浪漫的理想,就有切·格瓦拉,可以这样说吗?

切·格瓦拉(Che Guevara)是阿根廷人,参与了卡斯特罗领导的古巴革命。在古巴新政府担任要职之后,于1965年离开古巴,在其他国家继续发动共产革命。有历史学家称他是"红色罗宾汉""共产主义的堂吉诃德",有作家称他是"尘世的基督""复活的普罗米修斯""拉丁美洲的浮士德"。

切·格瓦拉(二)

哈瓦那街上的切·格瓦拉像

安迪·沃霍尔版切·格瓦拉

一个阿根廷青年，毫无利己的动机，投身于古巴的革命事业；古巴革命胜利后，为了非洲和拉美的革命事业，又舍弃自己在古巴的高官和权位，离开古巴，离开自己的亲人，先去刚果，后去玻利维亚，最后牺牲在玻利维亚。

早在古巴还未解放时，切·格瓦拉与战友卡斯特罗一起抽雪茄的照片，一次又一次点燃了古巴人民的希望。古巴解放后，1964年12月，格瓦拉出现在联合国第19次大会上。他一身橄榄绿军装，始终衔着粗粗的古巴雪茄，再一次引起全世界媒体的关注。

在会上，格瓦拉从容不迫地发言。他谈到了老挝、越南和中南美洲受美帝国主

切·格瓦拉成为流行文化标志

义压迫的情况，呼吁各大军事集团尽快停止制造和试验核武器，进行全面裁军。最后，他再次要求美国停止对古巴的经济封锁，停止对古巴的破坏行动。切·格瓦拉不只是个革命家，其实他是个艺术家，重要的是，他一生都在一往无前地燃烧生命。

在古巴他无处不在

切·格瓦拉死后，他的肖像已成为反主流文化的普遍象征和全球流行文化的标志，同时也是第三世界共产革命运动中的英雄和西方左翼运动的象征。《时代》杂志将其选入 20 世纪百大影响力人物。

切·格瓦拉于 1928 年 6 月 14 日生于阿根廷罗萨里奥。格瓦拉的父亲埃内斯托·格瓦拉·林奇的家族已在阿根廷生活了 12 代，是一个声誉卓著的家族。他的祖先帕特里克·林奇 1715 年出生于爱尔兰，后经西班牙辗转来到阿根廷，在 18 世纪末成为巴拉那河地区的总督。他母亲塞莉亚·德·拉·塞尔纳·略萨的家族也已在阿根廷生活了七代，同样也是贵族家庭，祖先约瑟·德·拉·塞尔纳是西班牙最后一任驻秘鲁总督。

年轻时的切　　　　抽雪茄的切

不是身临其境，很难想象和理解

我们此行在古巴只停留了五天，但是贫穷的古巴、梦幻的古巴、争议的古巴可写得真不少。比我们早去几天的朋友张晓红以她的视角记录的古巴真实有趣，有很多细节，很有意思。经作者允许，就把晓红写的、拍的古巴发在这里与朋友们分享吧。

碧水蓝天（张晓红摄）

老城区（张晓红摄）

10月6日：墨西哥坎昆至哈瓦那，直线距离200多公里，飞行只需1个多小时。

哈瓦那第一印象词：破落。接下来导游的讲解更令人唏嘘。同行的小伙伴大多是20世纪50年代出生的，都经历过中国物资匮乏的时期，对按"本"供应甚是熟悉，以至于听说古巴人民每人每月只有7磅米、3磅糖、1个鸡腿、几个鸡蛋、500克咖啡等廉价物资供应，月工资只有30多美元时，午饭的一勺一瓢都不愿意也不好意思浪费，撑得晚饭都吃不下去了。

哈瓦那著名的海滨大道沿途的建筑大多有海水侵蚀的痕迹，美国大使馆门口当年卡斯特罗为抗议美国制裁而设立的旗杆依然矗立，但已锈迹斑斑。老城区稍微像样一点的建筑基本上被政府、大使馆、外企占据。有一些民居的楼下开设了私人的餐馆、小商店，老城区的副食商店货架空空荡荡，肉铺更是没啥玩意。据说农贸市场能买到很多生活必需品，但是价格非常贵，如果按"本"买的大米是每磅4毛钱，农贸市场就是每磅4块。

医院的大楼是哈瓦那最高的建筑这件事情还真没想到。古巴全民免费医疗，据说古巴医生水平很高，吸引很多外国人前来就诊，收费并不便宜。

古巴的大学是免费读的，但是需要参加三门考试：数学、西班牙文、古巴历史。大学毕业包分配，这和我们原先一样（古

商店柜台（张晓红摄）

巴大学生比例是26%）。分配的工作工资不低。

古巴货币是双轨制，100欧元兑换112.95外汇券（久违的词），美元兑换要收税，100美元兑换87外汇券，这恐怕也是古巴能对美国作出的唯一"报复性惩罚"。1个外汇券＝24个当地比索，外国人能用到当地比索的机会并不多，据说农贸市场里才能见到。外汇券也叫"红币"，纸币上印的是各种建筑，硬币是白色的；当地比索纸币上都是"民族英雄"，硬币是黄色的。老城区上个厕所需要1毛红币，不便宜。

对哈瓦那遍地老爷车的说法一直没啥感觉，今天一看才知道是什么意思。满街跑的都是20世纪五六十年代的车，色彩鲜艳夺目，老式敞篷出租车比比皆是，希望有机会感受一次。

晚饭后前往莫罗城堡，这里每天上演延续了300年的西班牙时期守城官兵开关城门的仪式。按理说，古巴革命成功，像这样以前殖民者搞的仪式，还不给灭掉？

各式汽车（张晓红摄）

带着问题问了导游,她说此仪式革命以后确实停止了,恢复目前的表演,大约在80年代。

不管怎么说,古巴改革在即,私有化早早晚晚都会到来。

理发(张晓红摄)

乐队(张晓红摄)

10月7日:古巴的经济以蔗糖出口为主,苏联曾经是最大的贸易伙伴,为扶持小兄弟,苏联以高出市场价收购古巴的蔗糖。随着苏联的解体,贸易随之改变,古巴单一的蔗糖经济受到致命打击。

古巴是2011年开放自由贸易,允许私人经济发展,出租房子,开私人餐厅,海淘倒买倒卖投机倒把,从国有企业顺点东西换钱,那些曾经在中国发生的事情都在重演。

中午在省会城市——比那德里奥闲逛了一会儿,城市保留了西班牙时期的建筑风格,没有新建筑。老百姓挺友好,几乎都会问:你从哪里来?一说CHINA,似

酒店前(张晓红摄)

乎都是很熟悉的样子，个别人还会说"你好"，普及率大概高于会说"欧拉"的中国人。

10月8日：离开酒店发现大巴车一直在兜圈子，一打听说是在找商店买矿泉水，1小时后终于在第五家店买到了足够多的水。

巴拉德罗是一个靠海的城市，天然形成的海湾环抱着白色的沙滩，非常适合度假。据说政府迁移了这里的居民，建起了度假酒店，专门招待"老外"。这里标间260红币/晚，还有联排别墅、独栋别墅等，对于美国和加拿大来的游客，只酒水免费这一条就会觉得赚翻了。

10月9日：古巴的网络状况不是很好，买当地的Wi-Fi卡一般价钱在每小时1.5—2.5元（红币），但网络覆盖率很低，酒店限大堂，房间里绝对无法上网。城区内如果你看到一小堆人一动不动低头看手机，多半那个地方有Wi-Fi。中国移动是每天赠送1M流量，封顶90元人民币，限50M流量。用苹果手机试了一下，太慢了，无法忍受，于是彻底放弃，过几天没网的日子也不错（注：我们在哈瓦那住的宾馆网速不错）。

古巴只有一条高速公路，是苏联帮助建设的，道路不宽，各种交通工具混杂，马车载人占比很高。

古巴是个岛国，海岸线漫长，防海盗、防侵略是重中之重，所以岸炮众多。西班牙殖民统治后又有荷兰、英国入侵，西班牙国王下令修筑炮台防卫。革命胜利后，许多大炮成为街头阻止机动车辆的隔离桩，也算是和平利用了。

没去过的比去过的有更多的想象

在古巴，没去过的人比去过的人有更多的想象，也有更多的认死理。我在那的时间只有5天，所以对古巴纪事难以有更多的解释。朋友张晓红写的古巴对市民生活有不少客观描述，拍的照片也有感慨和记录，我们就再接着看看吧。

10月9日：今天驱车前往特立尼达——古巴另一个度假胜地，位于哈瓦那的东南，临加勒比海。初步印象是这里比巴拉德罗落后很多，度假村设施非常陈旧，海滩也不如巴拉德罗，但毕竟是加勒比海。

10月10日：在距离市中心不远的地方下了车，一路沿着大鹅卵石铺成的街道

农贸市场（张晓红摄）

观光马车（张晓红摄）

前行，街道中间还偶有小溪流过。

路边的民居院子都很大，庭院内植被茂密，有的院子门口还摆放了18世纪的桌椅板凳，以示其出身高贵；许多民居门口带有标志，表明这里是可以接待外宾的住宅（需要向政府申请，政府审查后才能获得）；还看到Airbnb的标志，大概网上预订不成问题。

中心广场不太大，有钟楼、天主教堂、画廊等建筑围绕广场周边。广场上有带着乐器的艺人扎堆，也有跟"老外"们兜售上网卡的年轻人，餐馆、小店、工艺品摊位见缝插针布满街道小巷，不过卖的工艺品大同小异。

旁边的歌剧院据说是全古巴四个意大利建筑风格的歌剧院之一，歌剧院对面街角有一个18世纪的咖啡馆，1块钱一杯的浓缩咖啡苦极了。

今天恰逢双十节——古巴独立战争纪念日，全国放假，国营百货商店节假日照例是不开门的，按本供应的国营副食商店卖肉的柜台排着长队，其他柜台里没啥货物可卖；高价超市里挤满了购物的人群，有的私人商店进出门还对当地人检查背包。

我们也跟着凑热闹,排队买了朗姆酒和咖啡,2瓶酒4包250克咖啡一共16.9红币,大约人民币110元。

回哈瓦那这一路上,经常能看到手里摇晃着钞票想要搭车的人,大概古巴的公共交通实在太不方便了,问了一下导游,说长途车少需要提前订票,如果临时出门,那就只有这种方式了。

10月11日:哈瓦那闲逛一日游是从酒店附近的农贸市场开始的。地处使馆区的农贸市场菜品算丰富,豆类、芋头、木薯、玉米粒、玉米粉都有,蔬菜有黄瓜、辣椒、西红柿等,没啥特别的东西。为了体验一下当地比索(俗称土币),决定给导游女儿买个菠萝。摊主看到是外国人,立马涨价要1个红币(相当于1美元),也就是25个土币。看他漫天要价很不爽,果断换了一个摊子,20土币一个菠萝,也没便宜多少。据说其他农贸市场一个比这个大的菠萝才8土币,内外有别,价格差得相当悬殊呀。

闲逛溜达到哈瓦那老城区,在海明威当年古巴常住的酒店膜拜一番。老爷子在古巴这家酒店的511房间留下了三本著作,还在不远的酒馆留下了每次要喝12—14杯鸡尾酒的传说,拥挤的餐厅酒吧人手6块钱一杯的鸡尾酒,吧台内酒保依旧忙个不停。这也许就是爱喝酒、爱钓鱼、爱女人的老爷子总被世间俗人惦记的原因吧。

惦记很久的哈瓦那冰激凌店COPPELIA壮观到没想到的程度,冰激凌店更像一个冰激凌公园,四周几个入口都排起超过30人的长队,店内楼上楼下几个餐厅都坐满了食客。冰激凌很便宜,5个球才5个土币,也就是说1美元可以买25个球。如果你不想排队,对不起,掏钱吧您嘞,2个球一份,2.75外汇券。哎,老外还真不是好当的。

晚霞

哈瓦那的天气说变就变,一阵大雨毫无征兆地说来就来了,当地人貌似很习惯的样子,三轮车司机气定神闲地放下各种遮雨的帘子,老爷车慢悠悠地摇起车窗,摇不动拽一把玻璃继续摇,没有人急赤白脸。我们也学着在屋檐下的咖啡馆坐下来,喝上一杯鸡尾酒或者啤酒,等雨慢慢地停下来……真好!

10月12日:这几天的古巴行走,感受最多的是"穷",虽然有免费教育、免费医疗这些我们也曾经有过的东西,但估计没有一个人会选择穿越回那个时代了,尽管被物质生活惯坏的我们可能有时候还会怀念。国内贫富差距造成的心理落差可能会不舒服,但与"穷"为伍,恐怕是人都会拒绝。

在酒店外面的海边散步,小伙伴遇到当地人索要"香波",猜测可能是要酒店的小玩意;在特立尼达,我遇到一位跟我索要"中国T恤"的妇女。想想30年前,这些事肯定也曾在我们国家发生过。

古巴人对中国人很热情,特别是老人,我就被莫名搂住照相好几次。古巴人像我们当年一样,幸福指数很高,每个人都很爱笑,无论大人还是小孩。真心祝愿他们早点过上他们想要的生活。

"牛奶会有的,面包也会有的",大房子会有的,一家三代挤在一起的日子会过去的,都会好起来的。

情侣

每个到古巴的人都会有自己的视角。不同经历、不同世界观的人对任何社会现象的看法也会仁者见仁,智者见智。

我会把一些对古巴社会现状有研究、有分析的人提出的有关古巴未来的展望与朋友们分享。

脱离现实谈信仰只能沦为梦幻

本来前一篇就是古巴纪事的最后一篇,可是看了我的小文之后,争论越来越激烈。让这些争论引发更多的思考,也是我为把所见、所闻、所思与朋友们分享而写作的目的之一,所以就继续写吧。

长古堡

船

海天

有人这样回应:古巴如果就是这样贫穷下去,早晚会被历史抛弃的。因为主宰他们命运的其实已不是信仰,而是梦幻!

有人则说:古巴很小,不像中国这样能够运用全球化和政府购买力快速发展经济,形成巨大货币话语权。她只能在一个细分市场中尽量挖掘发展空间,同时保障整体经济公平与平衡。这给中国人一个备胎模式。一旦国际贸易被迫中断,古巴模式依然能够使大家有基本生活保障。

有人坚信:不用去一趟,小时候都体会过,每人每月半斤油,几两肉,没有腐败,没有贪污犯。那又如何?可乐都没喝过。

脱离现实谈信仰只能沦为梦幻。和平时期,吃的都没了。这个是无法拯救全人类的。

生活在自然中

在古巴工作过三年的朋友说,他们的偏见太深了。古巴的现状不能归咎于革命,不能归咎于现在的制度。最重要的是美国50年来的经济封锁和制裁对古巴经济发展的影响。如果美国取消制裁,50年以后会是什么样?

这位朋友说:应该看到古巴没有像中国今天的绝对贫困人口。所有人都享受免费医疗、免费教育、几乎免费的住房。在古巴几乎看不见流落街头、穿着破衣烂衫乞讨的人员。古巴看不到演了几部电影就成为亿万富翁的人,但是他们的芭蕾舞演员拿着国家公务员的工资,可以让古巴的市民享受8个土比索票价的芭蕾舞盛宴,你比得了吗?

这位朋友还说:工资水平应该与物价水平同时比较,古巴现在平均不到25美元的工资,相当于600土比索,所有物价都是土比索的。我1984年工作时留校第一个月的工资只有60元多点,相当于不到几美元。那时好像1美元等于8元人民币?那时吃住都是父母的,上大学也都是花父母的钱。而古巴的大学生免费教育,不仅学费免,食宿、书本费都免,甚至发铅笔。当然是基本水平,是能够吃饱的。如果想吃好,家里会补贴一下。我们的希望小学学生能够全免费吗?

小河

古巴人的社会公平感不是你去玩一两天可以感受得到的!一位华裔将军的女儿

享受中国的全额奖学金到中国学习，待她学习结束后第一个想法就是马上回古巴，因为中国的物价她无法忍受，没有钱看病，没有钱买过冬的衣服。

我觉得，认为古巴穷的朋友，他们要表明的就是今天的中国好，所以不愿再过古巴那样的穷日子。那样的日子不去也知道是什么样子。

我的一位发小看了群里激烈的争论后，写了这样一段话：我没去过古巴，可能没有资格对这个国度评头论足。但我也有些不成熟的想法，在此感慨一下……某位博士所说的："如果一个社会人人想喝茅台就喝，想吃龙虾撒西米就吃，想旅游就打飞的，那那个社会一定是很完美的。我同意！"但我以为，这个完美社会的前提一定是"人人"，即每一个人都如是。如出现相反情况，贫富差距、两极分化严重，人与人之间的不平等现象任其发展下去，这个社会一定是个畸形发展的变态社会，最终会导致社会矛盾日益激化，而出现社会不稳定现象，贫与富永远是势不两立的对立双方！如若贫穷一方是大众，富足一方是少数，民主、自由、平等的完美社会又从何谈起呢……终其结果这个社会便是人人自危、穷人富人对立，导致矛盾激化！

还有一种观点：对于卡斯特罗，攻击他的人都不敢提一件事，那就是古巴人民主流拥护他，而他也很大程度上保持了革命的廉洁和觉悟。查韦斯做不到这点，他受制于民选体制，过于依赖石油和西方市场，最终自食其果。也有人以为政治就是请客吃饭，人们喜欢什么菜就上什么菜，这是让人民当萌仔，让政治彻底腐败。

此次与我们同行的一位朋友以亲眼所见后写的是：见仁见智，讨论得好热闹！我也忍不住说点感想。

1. 古巴的社会经济状况就像我国20世纪70年代末80年代初的样子，物资供应匮乏，日用消费品凭票供应；工资水平低，但民众基本生活有一定保障；贫富差距不大，这是不发达社会保持社会稳定的一大因素。

2. 从参观卷烟厂这个作为对外宣传窗口的国有企业，我们看到"社会主义大锅饭"的弊病：上班有吸烟的、有聊天的，甚至有偷偷卖雪茄的，满地是烟叶、垃圾，任人踩来踩去……

3. 古巴经济发展滞后，不能用美国经济封锁来一言以蔽之。有经济封锁的原因，看来也有其自身的原因。古巴的自然条件得天独厚，农业本该更发达才对。我估计可能是集体化限制了农民生产的积极性。

此篇小文我是照章全录。如果看了后有人愿意加入争论，更是求之不得。

争论像是水与火

有关古巴的争论像是水与火的关系。

老街道

不过，对于环保主义者来说，我回到北京被问的第一个问题就是：古巴的环境怎么样？水污染吗？土壤污染吗？因为我发的照片都是蓝天白云，所以没有人问我是不是有雾霾。

农村

我在古巴的五天里，看到的除了天蓝、云白，再有就是水清。即使是黄色的水也是下雨后的泥水，而并非工业污水的排放。当地人说，古巴没有多少工业。

古巴是世界上现存为数不多的5个社会主义国家（中国、朝鲜、古巴、越南、老挝）之一，而且是美洲唯一的社会主义国家。

海滩

写这组小文的时候，美国对古巴的封锁、制裁又加码了，每个美国人去古巴，要讲出非常实际的理由。可是这些也没有挡住美国人前往古巴的热情。我们在时，满海边的人多操着纯正的美式英语。

古巴有着良好的地理位置和丰富的自然资源、较高的人口素质（1100万人口中每14个人有一个是大学毕业，450万就业人口中平均每6人就有一人为大学毕业），这都为古巴经济发展提供了持续的动力。有一种观点认为，如果与美国和解，古巴的经济潜力及未来的走向，可能是乐观的。

持这种观点的人认为：打开地图，我们看看古巴的地理位置。古巴是北美洲加勒比海北部的群岛国家，哈瓦那是古巴的经济、政治中心和首都。古巴由古巴岛和青年岛（原松树岛）等1600多个岛屿组成，被誉为"墨西哥湾的钥匙"。古巴岛酷似鳄鱼，又被称为"加勒比海的绿色鳄鱼"。

这个地理位置可谓很有优势，离全球最大经济强国美国很近，就是一条海峡。这就是为什么美国解除制裁后，古巴就是守着美国的一块肥肉。更不用说向南还有南美洲大陆。

古巴，国名源自泰诺语"coabana"，意为"肥沃之地""好地方"。欧洲人发现这个地方，就建立殖民地，种植甘蔗等作物，为西方殖民者带来巨额利润。

古巴本身在热带，一年四季都可以生产粮食，而且四面环海，渔业资源丰富，有各类鱼500多种；在关塔那摩、拜提吉里和拉伊萨伯拉等沿海，还可生产海盐。森林面积占全国土地面积的约27.5%，盛产红木、檀香木和古巴松等贵重木材。这都是重要的资源，给古巴的新型农业带来发展的天然优势。

女郎

在热带的海边，古巴有着优美的自然风光和不同时期的建筑，旅游资源十分丰富。比如巴拉德罗是世界上著名的海滩之一，集大海、沙滩、阳光、蓝色为一体。

书摊

民居

不知是古巴人太懒了还是什么，没有过多地去向大自然索取，这点是古巴人的明智吗？用风光吸引持不同观点，甚至批判态度的世界各地爱自然的人来享受阳光、绿色和海滩。

在这一点上，我个人认为，与其要我们中国人的勤，什么都敢吃，什么旧的都敢拆了建新的，不如要古巴人这样守着自然、守着古迹（17世纪的而已）的懒。

我到过希腊，那里的人半天工作半天喝咖啡。他们就直接跟我说：为什么要那么辛苦？老祖宗留下的历史文明，大自然给的阳光温暖，就是我们的财富，守着它们就是钱，就是生活，就是享受。为什么非要像你们中国人那样累？

古巴旅游资源丰富，几百个风景点像翡翠般点缀在海岸线上。明媚的阳光、清澈的海水、白沙海滩等自然风光，使这个享有"加勒比明珠"美誉的岛国成为世界一流的旅游和疗养胜地。古巴充分利用这些独特的优势大力发展旅游业，使其成为国民经济的第一大支柱产业。

古巴森林覆盖率约21%，盛产贵重的硬木。对外贸易主要出口镍、蔗糖、龙虾及对虾、酸性水果、雪茄烟、朗姆酒等。

古巴今天的穷、供给制是我们中国的昨天，但是古巴的天蓝水清也是我们的昨天。我们当然不想要供给制，不想再过穷日子，但是我们却想要蓝天。过去不是都不好，今天也不是都好。

古巴有得天独厚的大自然，也有世界上并不多有的美国的制裁。我们中国人钱包鼓了，山河却被污染了。古巴被我们认

微笑

酒馆的墙上

为穷，但他们有免费教育、免费医疗，不管人们会如何评价，他们大学生在就业人群中的比例比我们中国要高很多。即使我们医疗和教育都没有市场化之前，也没有这么高。

古巴能有今天这样的自然、环境和人的素质，一个穷字并不能解释全部。贫富差距不大，腐败没有成为社会的顽疾，这也难以归为是什么社会制度。

拉丁美洲，和我们一样同属第三世界。去了之后，发现那里竟然如此神秘，那里的文化底蕴竟如此丰厚。

那么怎么评价古巴呢？在前几篇小文中，我写到的都是亲眼看到的和听到的。作为曾经的职业记者，记录这些不是为了下结论，是希望广开思路，让更多的人，越来越多喜欢旅游的人，在走进一个国家、走进一片自然、走进一种文化的时候，多一份思考、多一份批判、多一份学习，也多一份思考、批判和学习后的享受。

图书在版编目（CIP）数据

绿镜头——南美洲 / 汪永晨著. -- 上海 : 文汇出版社, 2023.5

ISBN 978-7-5496-3954-0

Ⅰ. ①绿… Ⅱ. ①汪… Ⅲ. ①游记-作品集-中国-当代 Ⅳ. ① I267.4

中国国家版本馆 CIP 数据核字 (2023) 第 013652 号

绿镜头——南美洲

著　　者 / 汪永晨
责任编辑 / 徐曙蕾
特约编辑 / 胡　泊
装帧设计 / 高静芳

出版发行 / 文匯出版社
　　　　　上海市威海路 755 号
　　　　　（邮政编码 200041）
经　　销 / 全国新华书店
印刷装订 / 北京雅图新世纪印刷科技有限公司
版　　次 / 2023 年 5 月第 1 版
印　　次 / 2023 年 5 月第 1 次印刷
开　　本 / 850×1168　1/20
字　　数 / 260 千
印　　张 / 14.5

ISBN 978-7-5496-3954-0
定　　价 / 88.00 元